FACES IN 에니어그램

자유롭고 충만한 삶을 위한 내면여행

황인숙 지음

연경미디어

하느님께서 여러분의 얼굴 안에 심으신 말씀을 공손히 받아들이십시오.
그 말씀에는 여러분을 구원할 힘이 있습니다. 말씀을 실행하는 사람이 되십시오.
말씀을 듣기만 하여 자신을 속이는 사람이 되지 마십시오.
사실 누가 말씀을 듣기만 하고 실행하지 않으면
그는 거울에 자기 얼굴을 비추어 보는 사람과 같습니다.
자신을 비추어 보고서 물러가면 어떻게 생겼는지를 곧 잊어 버립니다.
그러나 자신의 얼굴에서 완전한 법 곧 자유의 법을 들여다보고
거기에 머물면 듣고서 잊어버리는 사람이 아니라,
실천에 옮겨 실행하는 사람이 됩니다.
그러한 사람은 자신의 실행으로 행복해 질 것입니다.
야고보서(1,21~25)

에니어그램 안에서 우리는, 나를 포함한 모두의 부정적인 태도 안에 숨어있는 본질을 이해함으로써
부정적으로 반응하기보다 좀 더 유연하게 반응할 수 있기를 원합니다.
애벌레에게서 나비를, 독수리 알에서 독수리를, 죄인에게서 성인을 보는
하느님의 눈과 귀로 이해하고 알아듣기를 원합니다.

그리고 하느님에게서 받은 우리의 본성대로 존재자체로(있는 그대로) 올바르게 이해하고
올바르게 판단하고 반응함으로써 우리가 그토록 염원해온 의사소통의 문제를 해결하고
기쁨과 평화와 사랑이 있는 조화로운 사회를 꿈꿉니다.

추천의 말

아우구스티노 성인의 말씀처럼 인간은 궁극적으로 참된 행복을 추구하는 존재이다. 인간의 사랑인 에로스가 하느님의 사랑인 아가페를 겨냥하고 있듯이 인간이 추구하고 있는 참된 행복이란 세상이 주는 공허한 메아리 너머에 있는 존재론적 행복이다. 저자는 존재론적 행복은 진리이고 선함이며, 아름다움이고 사랑자체이신 하느님과의 합일에서만 가능하다고 말한다.

저자가 "FACES IN 에니어그램"에서 강조하고 있는 것은 이미 우리에게 내려와 우리의 얼굴 안에 거처를 마련하신 하느님의 사랑과 은총에 대한 자각이다. 우리와 함께 하시는 임마누엘 하느님에 대한 믿음이 우리로 하여금 진정한 자아발견과 영성의 회복, 나아가서는 존재론적 행복과 충만을 경험하도록 이끌어 준다고 강조하고 있다. 임마누엘 하느님에 대한 자각과 믿음 안에서 우리는 존재 자체로 진리이고 선함이며, 아름다움이고 사랑이신 하느님의 생명, 하느님의 빛임을 깨닫게 된다는 것이다. 가르멜의 성녀 대 데레사는 영혼의 깊은 성에서 하느님의 실존과 함께 함으로서 내적 충만을 사실 수 있었다.

에니어그램에 관한 저서가 번역본으로 많이 나와 있지만, 이 책만큼 단순하고 쉽게 우리의 내면을 바라볼 수 있도록 이끌어 주는 책은 드문 것 같다. 저자는 인간과 동 떨어진 하느님이 아니라, 인간과 함께 하시기 위해서 인간에게 내려오신 하느님, 인간 안에서 인간의 살과 피로 인간과 함께 창조 사업을 이어가고 계시는 성 삼위 하느님에 대해서 말하고 있다.

사실 교회 내에서 에니어그램을 보는 걱정스런 시선이 있다는 것을 부인할 수 없다. 그러나 이 책은 영성 생활의 핵심이고 출발이며 목적이라 할 수 있는 자아인식과 하느님 인식을 그 바탕으로 하고 있다.

저자가 강조한 것 중 하나는 우리들 얼굴 안에서 함께 하고 계시는 말씀과 말씀이 주는 생명력이다. 말씀의 실행 안에서 우리는 우리의 영혼을 구하고 영원한 사랑과 생명, 참된 행복을 찾아 누리며, 이웃과 더불어 우리를 세상에 보내신 하느님의 뜻을 이루게 될 것이다.

저자와 함께 하는 내면여행을 통해서 어릴 때 받은 상처와 세상의 방식으로 생존하려 했던 거짓자아를 깊이 인식하고 벗어 버리면서 내 안의 나, 참된 자아, 하느님의 얼굴을 찾는 여정을 시작하자.

삼위일체 대 축일에 **조 운 용 엘리야 신부. O.C.D.**

추천의 말

인간은 자신의 의미를 근원적으로 탐구하는 존재이다. 의미 탐구적 존재로서 인간의 자기이해 역사를 우리는 철학의 시조인 탈레스로부터 시작되었다고 생각한다. 이러한 생각은 개념적이고 이론적인 차원의 인간 이해의 역사에 한하여 그 진실성을 갖는다.

인간이란 무엇인가라는 근원적 질문에 대한 탐구는 철학 이전부터 있어왔다. 기원전 2500년경 아프카니스탄 지역에서 유래한 에니어그램이 한 예이다. 플라톤이 신화적 설명을 통해 보여주는 인간 본성론을 들여다보면 에니어그램 성격론의 토대인 장, 가슴, 머리라는 도식을 응용하고 있음을 알 수 있다.

오늘날 에니어그램은 현대 심리학과 결합해 과학주의적 성향을 강화시키고 있다. 이 점에서 황인숙 선생님이 의욕적으로 저술한 〈FACES IN 에니어그램〉은 기존의 에니어그램 관련 도서와 비교해 의미 있는 차별성을 보여주고 있다.

저자가 지적하듯

에니어그램은 자기 의미 탐구의 역사 안에서 발굴해낸 철학, 심리학의 언어들을 신비와 하나로 묶어 주고 있다. 그런 의미에서 영성과 심리학의 다리라고 불리는 에니어그램은 진정한 자유와 충만한 삶을 위한 '자기 찾기'의 내면적 방법이지 단순히 심리분석과 그것에 기초한 자기개발의 기술적 도구가 아니다. 이와 같은 문제의식이 저자가 이 책을 기획한 동기이며 생명력과 영성 회복의 중요성을 강조하는 이유이기도 하다.

이 책의 또 다른 미덕은 저자 자신의 오랜 내적 수련과 20여년이 넘는 장기간의 실습 및 상담의 실천적 지혜가 친절하고 이해 가능한 방식으로 녹아 있다는 점이다.

내적 여행을 통한 생명력의 회복과 참된 자아에의 길을 걷고자 하는 이들에게 일독을 권한다.

철학박사 **이 종 하**

목 차

프롤로그

사랑과 생명의 빛을 찾아서

어떤 사람이 절벽에서 떨어지다 중간에 삐죽이 나와 있는 나뭇가지를 붙잡을 수 있었습니다. 그는 잡고 있는 나뭇가지가 부러지기 전에 하느님께서 주실 다른 도구를 기대하며 하느님을 불렀습니다. 그가 잡고 있는 나뭇가지 아래로 얼마 떨어지지 않는 곳에 안전하게 디디고 설 땅이 있었지만, 나뭇가지라는 도구에 마음이 묶여 있던 그는 땅을 내려다볼 여유가 도저히 없었습니다.

"나뭇가지를 놓아라." 어디선가 하느님의 음성이 들려왔습니다. 그는 이해할 수가 없었으므로 다른 하느님을 불렀습니다. 그러나 다른 하느님은 없습니다. 나를 살려주리라고 굳게 믿고 있는 나뭇가지라는 도구에 마음이 묶여 있는 동안은 나는 편안하게 디디고 설 땅을 내려다볼 수가 없습니다.

우리에게 집착이란 우리가 잡고 있는 나뭇가지와 흡사합니다. 삶을 돌아보면 우리는 가끔 가혹한 현실에 부딪혀 왔고 그 현실 안에서 분노와 회한과 슬픔 등 부정적인 감정에 시달려 끝내는 죽을병에 걸려 몸져눕는다거나 혹은 그에 상응하는 정신적인 죽음을 겪을 때가 있었습니다. 그토록 열심히 살아왔는데 무엇이 잘못 되었단 말인가 내 처신은 분명이 옳고 좋았는데 어찌하여 나는 그토록 왜곡되고 어찌하여 그처럼 쉽게 일이 틀어지는지 알 수 없었습니다.

그렇습니다. 삶의 막다른 곳에서 우리의 의지와 힘이 온전히 꺾이고 고갈되고 바닥을 드러냈을 때에야 우리는 비로소 초췌해지고 무기력한 얼굴로 자신을 돌아보기 시작합니다. 나의 의지와 힘으로 해 낼 수 있으리라고 믿었던 만큼의 소란스러움, 그 소요가 가라앉고 난 뒤에야 찾아오는 고요 속에서 우리는 서서히 깨닫게 됩니다. 나라는 존재는 내가 힘겹게 퍼 올린 힘에 의해서가 아니고 절대적인 어떤 힘에 의해 받쳐지고 있다는 것을.

에니어그램은 우리를 궁극적으로 받쳐 주고 있는 절대적인 힘에 대해서 이야기해 줍니다. 우리를 살릴 수 있으리라고 믿었으나, 실은 스스로를 파괴하도록 부추겼던 우리들의 집착 – 거짓 자아상(自我象) 너머로 빛나고 있는 영원한 생명과 사랑의 빛, 거룩하고 숭고한 의지와 힘에 대해서, 사랑과 생명의 빛 안에서 누리게 될 충만하고 가볍고 자유로운 삶에 대해서 이야기해 줍니다.

에니어그램은 잃어버린 낙원에서의 자유와 기쁨과 평화를 우리에게 되돌려 주기 위해서 우리들 스스로를 묶고 있는 집착의 정체를 보여주고, 우리들 스스로 이해의 폭을 제한시켜 온 집착의 눈과 집착의 귀에서 벗어나, 진리의 눈으로 올바로 보고 진리의 귀로 올바로 듣도록 격려해 줍니다.

에니어그램 안에서 우리는 나를 포함한 우리 모두의 부정적인 태도 안에 숨어있는 본질을 이해함으로써 부정적으로 반응하기보다 좀 더 유연하게 반응할 수 있기를 원합니다. 다시 말해서 애벌레에게서 나비를, 독수리 알에서 독수리를, 죄인에게서 성인을 볼 줄 아는 지혜의 눈과 귀로 보고 알아듣기를 원합니다. 우리의 본성대로 존재자체로 이해하고 존재 자체로 판단하고 반응함으로써 우리가 그토록 염원해온 의사소통의 문제를 해결하고 기쁨과 평화와 사랑이 있는 조화로운 사회를 꿈꿉니다.

삶의 벼랑 끝에서 나의 의지와 나의 힘이 아무런 소용이 없음을 온 몸으로 느끼게 되는 의식의 전환점에서 비로소 열리게 되는 깨달음의 길! 그 전환점이 육체적인 죽음이든, 정신적인 죽음이든, 그런 의미에서 죽음에 비할 수 있는 어떤 종류의 고통이라도 우리에게는 축복일 수 있습니다.

절벽 끝에서 생명의 끈 인줄 알고 굳게 잡았던 나뭇가지를 놓아 버린 후에야 비춰오는 사랑과 생명의 빛 – "나뭇가지를 놓으십시오." 그러면 존재의 힘이 날게 해 주십니다.

FACES IN 에니어그램
자유롭고 충만한 삶을 위한 내면여행

1. 얼굴 안에 숨은 마음

1. 얼굴 안에 숨은 마음

〈얼굴〉의 옛말은 〈얼골〉이며, 얼, 마음이 새겨진 골짜기, 얼의 꼴이라는 뜻이다. 우주를 움직이고 있는 보편 진리 안에는 우주를 만들어낸 절대자의 숨결이 숨어 있고, 절대자의 얼, 마음은 우리들 얼굴 안에 숨어 있다.

에니어그램(Enneagram)이란 9(ennea)라는 숫자와 문자, 점(grammos)을 가리키는 희랍어의 합성어로서 보편 진리 안에 내재된 신성(神性)의 표현을 말하며 사랑, 기쁨, 평화, 지혜, 옳음, 강함, 품위, 충실, 성취로 나누어진 아홉 신성의 빛, 하느님의 얼굴을 뜻한다.

사랑, 기쁨, 평화, 지혜, 옳음, 강함, 품위, 충실, 성취의 빛으로 나누어진 절대자의 아홉 마음은 우리가 지니고 살아가고 있는 보편의식으로서 본래 덕목이다. 본래 덕목의 얼굴인 본래 면목은 우리를 통하여 자신을 발현시키는 절대자의 얼굴로서 우리들 얼굴 안에 나누어 심어져 있다. 그러므로 우리들 얼굴은 신체 중 가장 존엄한 영혼이 담긴 부분으로서 대우주의 축소판이라고 불린다.

절대자의 아홉 마음은 절대자로부터 발현되어 우리들 얼굴 안에 나누어 심어져 있는 사랑과 생명의 힘, 절대 의식에너지이다. 절대 의식에너지는 진흙으로 빚어진 우리의 몸이 생명이 되도록 해 주는 절대자의 숨, 생기(生氣), 생명의 빛으로서 우리를 비추고 있는 신성의 빛, 혹은 자연의 빛으로 불린다.

수태되는 순간 나를 비추고 있는 신성의 빛은 모태에서부터 나의 얼굴빛과 눈빛을 빚어내고 나의 근육과 뼈, 피부 결, 음색 등을 만들어내며, 나의 가치관, 사고방식, 행동방식, 태도, 어휘 등을 규정짓는다.

따라서 나의 육체적 생명은 나를 빚어낸 신성의 빛을 드러내 보이는 얼굴빛, 눈빛, 태도, 몸짓, 음색 등을 가지고 태어나고, 심리적 생명은 나를 빚어낸 신성의 빛, 신성의 기운(氣運)을 드러내 보이는 기질(氣質)과 가치, 그리고 그 가치를 실현시키고자 쓰고 있는 사고방식과, 행동방식, 어휘 등을 가지고 태어난다.

절대자의 성품을 드러내고 있는 아홉 신성의 빛 중 한 사람을 비추고 있는 빛의 성품은 태어나기로 약속된 유전자처럼 수태된 순산부터 한 생명이 끝날 때까지 항구하게 지니고 갈 한 사람의 성격, 정체성이 된다.

우리는 누구로부터 배우지 않았어도 태어날 때부터 이미 지니고 있는 마음이 있고, 추구하는 가치가 있다. 우리들 중 누구는 사랑이 최종 목표라고 외치고, 누구는 지혜를 구하러 세상에 왔다고 외치며, 누구는 강하고 정의로워야 한다고 외치고, 누구는 충실하게 살며, 누구는 기쁨을 추구하고, 누구는 세상이 아름다움에 의해 구원되리라고 믿으며, 누구는 옳음과 완벽을 추구하고, 누구는 낙원에서의 평화로운 일상을 꿈꾼다. 우리는 절대자 하느님의 사랑과 생명의 힘, 절대 의식 에너지로부터 발현된 하느님의 사랑, 기쁨, 평화, 지혜, 옳음, 강함, 품위, 충실, 성취이기 때문이다.

우리들 육체적, 심리적 생명을 비추고 있는 신성의 빛은 사랑과 생명의 창조적인 힘, 하느님의 마음으로부터 나온 말씀이다. 성서의 요한 복음(1.1~5)에는

"한 처음에 말씀이 있었다. 말씀은 하느님과 함께 계셨는데, 말씀은 하느님이셨다. 모든 것은 말씀에 의해 생겨났고, 말씀 없이 생겨난 것은 하나도 없다. 말씀 안에 생명이 있었으니, 그 생명은 사람들의 빛이었다. 그 빛이 세상에 와서 비추고 있었지만, 어둠은 그를 깨닫지 못하였다."라고 쓰여 있다.

우리는 하느님의 마음으로부터 말씀을 나누어 받아 그 말씀으로 살아가고 있다. 하느님의 마음으로부터 온 말씀 – 하느님의 사랑, 기쁨, 평화, 지혜, 옳음, 강함, 품위, 충실, 성취는 우리들 존재의 원인이자, 본질이며, 존재를 가능하도록 해 주는 생명의 빛, 생명의 힘이다.

참으로 우리 자신인 사랑, 기쁨, 평화, 지혜, 옳음, 강함, 품위, 충실, 성취는 사랑이신 하느님으로부터 나누어 받은 하느님의 생명으로서 나 자신이다. 그러나 어둠에 덮여 있는 우리들 잠자는 의식은 우리가 어떻게 하느님의 말씀으로 태어났는지도 모르고 말씀이 어떻게 우리의 생명을 이어가게 해 주는 생명의 빛인지 깨닫지 못하고 있다.

야고보서(1,21~25)에는 이렇게 쓰여 있다.

"하느님께서 여러분의 얼굴 안에 심으신 말씀을 공손히 받아들이십시오. 그 말씀에는 여러분을 구원할 힘이 있습니다. 말씀을 실행하는 사람이 되십시오. 말씀을 듣기만 하여 자신을 속이는 사람이 되지 마십시오. 사실 누가 말씀을 듣기만 하고 실행하지 않으면 그는 거울에 자기 얼굴을 비추어 보는 사람과 같습니다. 자신을 비추어 보고서 물러가면 어떻게 생겼는지를 곧 잊어 버립니다. 그러나 자신의 얼굴에서 완전한 법 곧 자유의 법을 들여다보고 거기에 머물면 듣고서 잊어버리는 사람이 아니라, 실천에 옮겨 실행하는 사람이 됩니다. 그러한 사람은 자신의 실행으로 행복해 질 것입니다."

하느님의 마음, 말씀을 나눠 받은 우리들 얼굴에는 하느님의 사랑, 기쁨, 평화, 지혜, 옳음, 강함, 품위, 충실, 성취의 빛과 기운이 우리들의 얼굴빛과 기운으로 심어져 있다.

우리는 하느님으로부터 나눠 받은 말씀(사랑, 기쁨, 평화, 지혜, 옳음, 강함, 품위, 충실, 성취)을 올곧게 실행 할 수 있을 때 얼굴빛이 피어난다. 말씀의 올곧은 실행과 함께 우리는 완전한 법, 자유의 법 안에 머물게 되며, 나의 얼굴은 말씀이 주는 생기(生氣), 생명의 빛을 되찾아 빛날 수 있으며 행복해 진다. 우리들 얼굴 안에 심으신 말씀 – 사랑, 기쁨, 평화, 지혜, 옳음, 강함, 품위, 충실, 성취의 올곧은 발현은 곧 바로 나의 생명력으로 이어지기 때문이다. 말씀으로부터 오는 생명력은 시간이 지나면서 퇴색되고 변하는, 어떤 허구가 주는 공허함에 비할 수 없는, 실지적 존재의 생명력으로 나의 몸과 마음이 피어나도록 해 준다.

그리스도교의 교리에 의하면 사람은 하느님을 알아 공경하고 자기 영혼을 구하고 영원한 생명을 얻기 위해서 살아가고 있다고 가르치고 있다. 내 얼굴 안에서 온전한 법, 자유의 법을 깨우칠 수 있을 때까지 조용하게 내 얼굴을 들여다 보자. 사도 야고보께서는 우리의 얼굴 안에 심어 주신 말씀 안에서 완전한 법, 자유의 법을 깨닫고 온전히 실행할 수 있을 때, 영혼은 구원의 힘을 얻게 되며, 충만하고 자유롭고 행복해 진다고 말씀하신다.

완전한 법, 자유의 법이란 사랑과 생명의 창조적인 힘, 모든 에너지의 원천인 하느님의 마음에서 나온 절대 의식으로서의 법이다. 절대 의식이란 차별, 대립을 근거로 하고 있으나 차별, 대립을 초월하고 있는 의식이다. 하느님의 사랑이란 하느님의 기쁨과 평화를 품고 있고, 하느님의 기쁨이란 하느님의 사랑과 평화를 품고 있고, 하느님의 평화란 하느님의 사랑과 기쁨을 품고 있기 때문이다.

우리에게 사랑과 생명으로 나눠주신 사랑, 기쁨, 평화, 지혜, 옳음, 강함, 품위, 충실, 성취의 마음은 개별로 구분되는 마음이라 할지라도 하나하나의 마음은 모든 마음을 품고 있는 절대 의식으로서의 마음이다. 따라서 우리가 서로 손에 손 잡고 하느님의 온전한 얼굴을 그려낼 수 있을 때에야 우리는 비로소 살아있음을, 생명의 약동을, 존재의 기쁨을 느낀다.

그러나 하느님으로부터 나에게 사랑과 생명력으로 주어진 사랑의 힘으로, 기쁨의 힘으로, 평화의 힘으로, 지혜의 힘으로, 옳음의 힘으로, 강함의 힘으로, 품위의 힘으로, 충실의 힘으로, 성취의 힘으로만 선, 악을 분별해 보고자 사랑, 기쁨, 평화, 지혜, 옳음, 강함, 품위, 충실, 성취의 아홉 마음으로 분리되어 태어난 우리들 어리석고 이기적인 자아는 서로를 부정하며 구분 짓는다.

그렇게 될 때 하느님으로부터 주어진 사랑과 생명의 힘 – 사랑, 기쁨, 평화, 지혜, 옳음, 강함, 품위, 충실, 성취의 마음은 더 이상 우리에게 사랑과 생명의 힘일 수가 없으므로 그 생명력을 잃게 된다. 우리는 서로를 부정하며 구분지음으로써 분리되기 전 낙원을 향한 우리들의 꿈을 스스로 짓밟아 하느님의 모상인 서로의 존엄한 얼굴을 망가뜨리고 있다.

본 모습 찾기의 의미는 우리에게 사랑과 생명의 힘으로 나누어 주신 말씀, 절대 의식으로서의 마음을 되찾아 이웃과 더불어 낙원에서의 평화와 기쁨과 사랑으로 다 함께 하느님의 얼굴을 그려나가며, 아버지의 뜻이 하늘에서와 같이 땅에서도 이루어 지도록 하는 데에 목적이 있다.

우리를 덮고 있는 어둠 – 어리석고 이기적인 자아를 걷어내고 존재의 깊은 의식 안에서 나를 비추고 있는 사랑과 생명의 빛, 그 진정한 의미를 깨우치자. 꺼져가는 불도 끄지 않고 기다리시는 하느님의 사랑으로 다시 시작하자.

우리의 마음이 우리의 눈동자에 서린 눈빛으로 드러나는 것처럼 나를 비추고 있는 하느님의 사랑은 내 얼굴과 눈빛에 서려있으니, 우리는 하느님의 눈동자에 서린 하느님의 눈빛들이다. 인간을 향한 하느님의 지고한 사랑에 대해서 성서는 이렇게 표현하고 있다.

"부모가 너를 버릴 지라도 나는 너를 버리지 않는다. 너는 나의 눈동자에 새겨져 있다."

가르멜 수녀회의 신비가인 '성삼의 엘리사벳' 수녀는 삼위이신 하느님께 영광을 드리는 기도문에서 이렇게 고백하고 있다.

"삼위일체이신 하느님, 내가 완전히 자신을 잊고 내 영혼이 이미 영원 속에 있는 것처럼 변함없고 고요하게 당신에게 몰두하게 도와 주소서. 아무것도 내 평화를 산란케 하거나 당신에게서 나를 끌어내지 않도록 도와주소서. 오! 불변의 내 주여. 매 순간 내가 당신의 신비 속으로 더욱 깊이 뚫고 들어가게 하소서! 내 영혼에 평화를 주시고, 영혼이 당신의 천국이 되게 하시며, 당신의 소중한 거처가 되게 하시고, 당신의 안식처가 되게 하소서. 오! 나의 성삼, 모든 것, 지복, 무한 고독이며 그 안에서 내가 나 자신을 사랑하는 광대무변이시여, 나 자신을 당신께 드립니다. 내가 당신의 빛 속에서 위대한 당신의 심연을 관상할 수 있을 때까지 당신 안에 묻히도록 당신은 내 안에 묻히소서."

워크샵 중에 우리는 우리 얼굴 안에 새겨 주신 하느님의 얼굴을 만날 것이고 우리들 안에 있는 많은 부정적인 모습에도 불구하고 그 부정적인 것들 역시 하느님이 주신 선물의 이면들이었다는 것을 깨닫게 된다. 결점이 장점이었고 죄가 있는 곳에 더욱 하느님의 연민과 은총 또한 풍부할 수밖에 없다는 것, 그렇게 하느님은 우리들 안에서 우리를 사랑하시고 용서하실 수밖에 없는 분임을 깨닫게 된다.

"저들을 용서하소서. 저들은 자신이 하는 일을 모르고 있기 때문입니다."라고 예수께서 십자가상에서 드렸던 기도는 예수 그리스도의 인간성을 통하여 자신의 성품을 드러내신 하느님의 말씀이셨다.

사람이 되신 말씀 – 예수 그리스도는 하느님과 가장 가까우신 분으로서 우리에게 하느님의 사랑, 기쁨, 평화, 지혜, 옳음, 강함, 품위, 충실, 성취를 어떻게 실행할 수 있는지 보여 주신다. 말씀이신 그리스도를 따른다는 것은 그리스도의 부활과 생명에로의 초대이다.

자신의 얼굴을 이해한다는 것은 존재의 깊은 의식 안에서 나와 함께 하고 계시는 하느님을 이해 한다는 것이며, 나를 통하여 드러내시는 하느님의 얼굴과 새로이 상봉한다는 것이다.

그러므로 본 모습 찾기는 내 얼굴 안으로부터 하느님의 얼굴을 찾아 들어가는 내면 여행이며, 본 모습 찾기를 통해 우리는 영적 성장을 위한 지도와 자신에 대한 새로운 이해, 긍정적인 시선을 얻게 된다.

자신에 대한 긍정적인 이해와 시선을 얻게 될 때에야 비로소 이웃과의 관계 안에서도 조화와 균형을 이루어, 이웃과 더불어 하느님과의 일치를 위한 지도를 따라 걸을 수 있게 된다.

"모든 사멸하는 것들은 저마다 한 가지 일을 한다. 저마다 살고 있는 내면의 그 존재를 표출하고 있다. 자아를 주장 한다. – 자신의 길을 간다. 나 자신을 말하고 쓰며 내가 하는 것이 나이며 그 때문에 내가 왔다고 외친다. 나는 이렇게 부연한다. 의로운 이는 의를 행하고 은총을 간직한다. 그것은 그의 모든 행동을 은총이 되게 하는 것이니 하느님 보시기에 자신인 것을, 그리스도를 하느님 보시는 가운데 행하는 것이다. 왜냐하면 그리스도는 모든 곳에서 자신 밖의 아름다운 수족과 아름다운 눈에서 노니시며 사람들 얼굴의 특색에 따라 행하시기 때문이다."

김영남 옮김, –불멸의 금강석–

1) 내 얼굴 안에 숨은 마음은?

나는 하느님의 사랑과 생명을 나누어 받아 하느님의 마음으로 살아가고 있으므로 나의 얼굴에는 하느님의 평화로서 편안한 기운이, 하느님의 강함으로서 든든한 기운이, 하느님의 옳음으로서 올곧은 기운이, 하느님의 기쁨으로서 경쾌한 기운이, 하느님의 사랑으로서 따스한 기운이, 하느님의 충실로서 성실한 기운이, 하느님의 성취로서 똘똘한 기운이, 하느님의 지혜로서 현명한 기운이, 하느님의 품위로서 우아한 기운이 심어져 있다. 내 얼굴을 거울에 한번 비추어 보자. 내 얼굴 안에는 아홉 하느님의 마음 중 어떤 마음이 어떤 기운으로 심어져 있을까?

평화 – 편안한 기운	
강함 – 든든한 기운	옳음 – 올곧은 기운
기쁨 – 경쾌한 기운	사랑 – 따뜻한 기운
충실 – 성실한 기운	성취 – 똘똘한 기운
지혜 – 현명한 기운	품위 – 우아한 기운

나는 하느님의 평화, 하느님의 강함, 하느님의 옳음, 하느님의 기쁨, 하느님의 사랑, 하느님의 충실, 하느님의 성취, 하느님의 지혜, 하느님의 품위이다. 그러므로 나의 얼굴에 심어진 하느님의 기운이 나를 통해서 올곧게 발현될 때, 나는 하느님의 생명을 이웃과 함께 나눌 수 있다. 나는 이웃에게 무엇이 되어 주었는가?

우리는 단체 안에서 어떤 이의 등장으로 단체의 기운이 바뀌는 것을 경험한다.

어떤 이의 등장은 단체를 화기애애하게 만들어 일을 추진하도록 활력을 주고, 어떤 이의 등장은 단체의 기운을 차분하고 평화롭게 정리 시키는가 하면 어떤 이의 등장은 단체에서 웃음꽃이 피어나도록 만든다.

　"모든 날 중 가장 완전히 잃어버린 날은 웃지 않는 날이다."란 글을 남긴 프랑스의 극작가 샹포르(Chamfort), 유머와 해학으로 사람을 웃게 만들 줄 아는 웃음 치료의 시조인 노만 카슨스(Norman Cousins), 황수관 박사, 이상구 박사 등은 **기쁨**의 기운을 타고난 사람들이다. 이들이 단체에 있을 때 이들이 뿜어 내는 경쾌하고 명랑한 기쁨의 기운은 우리들 몸과 마음 조차 경쾌하고 가볍고 건강하게 만들어준다.

　지혜의 기운을 타고난 이들로는 많은 과학자들, IT의 혁신적 발전을 가져오게 한 빌 게이츠, 영성을 추구하는 많은 성직자, 수도자들이 있다. 이들에게서 우리는 지혜를 얻는다. **충실**의 기운을 타고난 이들로는 페스탈로찌 등 묵묵히 공동체를 위해 봉사하고 희생하는 사람들이다. 이들은 공동체가 안전하게 돌아가도록 성심을 다한다.

　사랑의 기운을 타고 난 이들은 오지의 가난한 이들을 찾아 의술을 펼치는 이들, 사회복지에 충심으로 애쓰는 사람들, 여성과 소외 받는 이들을 위해 봉사하다간 고(故) 이태영 박사 등이다. **품위**의 기운을 타고난 이들 중에는 재클린 케네디가 있고, **성취**의 기운을 타고난 이들은 성공한 정치인, 시업가들이 되었다.

　엄청난 힘으로 멋진 샷을 날리는 골프 왕 타이거 우즈는 **강함**의 기운을 가지고 태어났다. 선

재산을 공익을 위해 내어놓은 유한양행의 유일한 박사와 마틴 루터 킹 목사도 **강함**의 기운이 움직이는 사람들이었다.

올림픽시즌을 위해서 어떻게 대비하려는 지를 묻는 기자의 질문에 "강한 것이 나에게 잘 맞는다. 보는 사람도 강한 인상을 받는 것 같다. 강한 스타일이 연기하기도 편해서 강한 스타일로 가고 싶다."(서울=뉴시스,2009.5.7)라고 대답한 김연아도 **강함**의 기운을 타고 났다. 가장 자기다운 것이 자신으로서도 편하고 보는 사람 역시 편안하다.

강함의 빛이 움직이는 사람들은 불의가 어디서 작동하고 있는 지를 아는 제2감각을 가지고 있으며, 공익과 사회정의를 추구한다. 타이거 우즈, 김연아 역시 유일한 박사와 마틴 루터 킹 목사처럼 정의감이 있을 것이고, 때가 오면 공익과 사회정의에 관심을 가지고 행동할 수 있을 것이다.

공익과 사회정의를 추구하는 경향이 있는 유형으로는 **강함**의 기운을 타고난 이들 말고도 옳음의 기운을 타고난 윤봉길의사, **평화**의 기운을 타고난 넬슨 만델라, 줄기세포 사건으로 어려움을 겪었던 황우석 박사가 있다. **옳음**의 기운을 타고난 윤봉길 의사는 나라를 위한 구국 일념으로 독립 운동 외에도 농민계몽 운동 등 교육사업에도 투신했다. 넬슨 만델라는 일생을 통해 공평함과 정의로운 사회 구현, 평화를 위한 그의 가치를 위해서 움직였다. 그는 노벨 평화상을 받았다.

황우석 박사는 필생을 건 그의 연구업적을 자신의 가치인 공익과 정의로운 사회구현을 위해 쓰고 싶었으나, 그의 모든 말과 행동은 공익을 위한 그의 가치와는 상관없이 다른 가치를 가진 사람들의 눈에 비춰진 다른 해석으로 고초를 겪었다.

위에 열거한 사람들의 얼굴빛, 눈빛 등을 떠 올려보자. 우리는 우리의 얼굴빛, 눈빛, 태도, 사고방식, 행동방식 등으로 우리를 비추고 있는 신성의 빛, 우리들 얼굴 안에 심어진 말씀, 생명의 빛을 드러내 보여주고 있다. 따라서 같은 생명의 빛, 한 뿌리로부터 발현되는 육체적, 심리적 생명의 표현은 모두 비슷하다. 같은 유형은 어떤 특정한 상황에서 보이는 반응도 비슷하므로 같은 문제에 부딪힐 수 있고, 같은 갈등 안에서 같은 방식으로 싸우며 살아가고 있다.

에니어그램 성격유형에 따른 본 모습 찾기 워크샵을 진행하다 보면 어떠한 내용에 대한 참가자들의 반응은 같은 성격 유형일 때 같은 얼굴, 눈빛, 표정, 태도로써 반응하는 것을 볼 수 있다.

에니어그램 프로그램이 확산되고 앞으로 더 많이 연구되어야 하겠지만 백인이든, 동양인이든, 흑인이든, 지구촌의 인류공동체는 에니어그램 성격 유형의 띠로 연결되어 있다고 판단될 만큼, 같은 성격 유형일 경우 같은 얼굴빛, 눈빛, 표정을 가지고 있으며 표정을 지을 때 보이는 얼굴 근육의 움직임까지 똑같다는 것을 발견하게 된다.

그렇다면 성형으로 얼굴을 고치게 될 때 어떻게 되느냐는 질문이 있을 수 있다. 에니어그램 성격 유형은 얼굴 안에 심어진 마음, 심상(心象)을 통해 알게 되는 만큼 성격유형을 찾는 데에 가장 큰 단서가 되는 것은 마음의 창이라고 불리는 눈빛과 마음을 드러내 주는 얼굴 기운이다. 눈빛과 얼굴 기운은 성형으로 고쳐질 수 없으므로 여전히 한 사람의 성품을 드러내고 있으며, 피부 결, 음색 등은 여전히 한 사람의 성품을 말해 주고 있다.

그리고 에니어그램 성격 유형의 아홉 유형에 따라 지구촌의 인류공동체가 아홉 얼굴로만 있다는 것은 아니다. 얼굴의 모양, 골격은 부모로부터 유전되므로 한 유형에는 여러 골격이 있을 수 있고 골격에 따라 얼굴 근육의 움직임도 조금씩 달라질 수 있다. 그러나 같은 유형이 같은 골격을 가지고 있을 경우 상황에 따라 드러내 보이는 얼굴 근육의 움직임은 같다.

사람의 얼굴이란 당면한 현실과 상처에 따라 성인의 얼굴이 되기도 했다가 악마의 얼굴이 되기도 하는데 어떻게 같을 수 있느냐는 질문이 있을 수 있다. 우리는 이태리의 어느 화가가 예수를 배반한 유다의 얼굴 모델을 찾기 위해서 헤매다가 예수의 모델이었던 동일인을 찾았다는 일화를 듣는다.

우리는 우리가 가지고 살아가는 의식수준에 따라 우리를 비추고 있는 신성의 빛을 온전히 빛의 모습인 예수의 얼굴로 발현시킬 수도 있고, 집착의 모습인 유다의 모습으로 굴절시켜 발현시킬 수도 있다.

예를 들어 보면, 기쁨의 기운을 타고난 이가 어떤 부정적인 요인에 의해 기쁨이 부정적으로 발현될 때 그의 얼굴에서는 기쁨의 기운이 드러나지 않는다. 그러나 그의 얼굴은 어떤 긍정적인 요인을 만나기만 하면 금방이라도 기쁨을 터뜨릴 것 같은 가볍고 경쾌한 기운을 가지고 있게 마련이다.

그러므로 같은 신성의 빛에 의해 발현되는 한 뿌리로부터 온 얼굴이 우연히 같은 골격을 가지고 있고, 같은 의식수준일 경우 나이차이, 남녀, 동 서양을 막론하고 일란성 쌍둥이보다도 더 닮았다.

그러면 같은 신성의 빛에 의해 발현된 한 뿌리로부터 온 얼굴빛, 눈빛, 피부 결, 표정과 얼굴 근육의 움직임을 살펴보자.

2) 각 마음의 뿌리로부터 온 얼굴들

지혜 　〈사색적이고 현명한 기운〉

강함 　〈힘있고 든든한 기운〉

 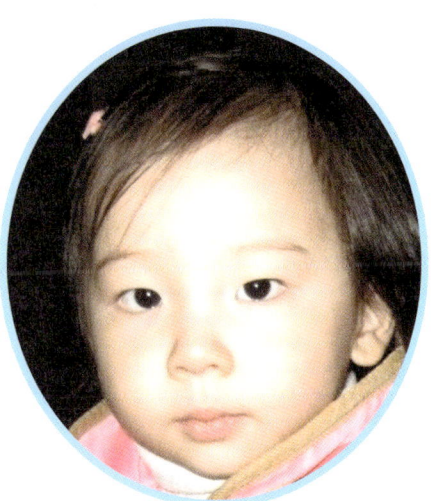

충실 〈성실하고 착한 기운〉

품위 〈기품 있고 우아한 기운〉

성취 〈똘똘하고 확실한 기운〉

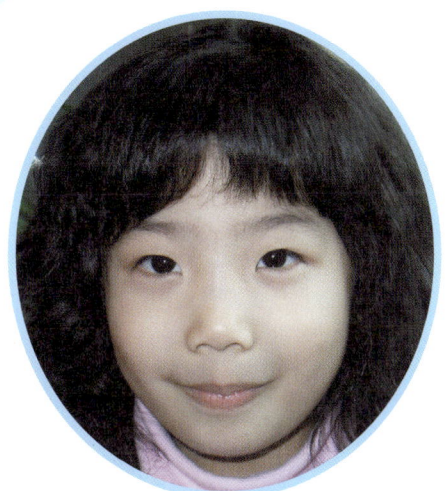 

사랑 〈따뜻하고 사랑스러운 기운〉

옳음 〈확고하고 올곧은 기운〉

기쁨 〈 명랑하고 경쾌한 기운〉

평화 〈안정되어 있는 편안한 기운〉

같은 신성의 빛, 한 뿌리에서 발현되는 얼굴 빛, 눈빛, 피부 결, 표정, 얼굴 근육의 움직임을 현미경으로 들여다 보듯이 자세히 들여다 보자. 놀라울 정도로 닮아 있다.

이들은 나이 차이를 불문하고, 남녀를 불문하고, 동 서양을 불문하고 같은 얼굴빛, 눈빛, 표정, 얼굴 근육의 움직임을 보여주고 있다. 이들은 같은 혈족도 아니고, 같은 환경에서 자라난 이들도 아니다.

워크샵을 진행하다가 맞닥뜨리게 되는 이러한 신비를 보면 반드시 이러한 신비를 설명할 수 있는 자연의 법칙이 있을 것이라는 결론에 이르게 된다.

철학과 과학은 깊이 파고 들게 되면서 때로 종교와 만난다. 우리는 많은 과학자들이 자연의 신비를 알게 되면서 종교에 귀의 하게 되는 경우를 들고 있다. 인간의 유전자 결정론인 인간 게놈 지도를 연구하던 한 과학자가 인간 게놈 지도에 관여하고 있는 신비를 발견하고 종교에 귀의하게 되었다는 이야기를 우리는 듣고 있다.

절대자의 절대 의식에너지, 신성의 빛이 어떻게 우리에게 생명의 빛, 생명 에너지로써 작동하며, 어떻게 우리의 육체적, 심리적 생명 – 얼굴빛, 눈빛, 피부 결, 얼굴 근육의 움직임, 태도, 몸짓, 사고방식, 행동방식을 규정 짓는지에 대해서, 나아가서는 어떤 질병에 노출될 수 있는지에 대해서 그 동안의 동, 서양의 과학이 밝혀낸 성과들로부터 살펴보자.

빛이 입자의 형태로 되어 있다는 입자설과 물결치는 매질이라는 파동설은 아인슈타인 이후 〈스스로 힘을 가지고 흐르는 입자의 파동〉이라고 정리되었다. 주목할 것은 인간의 신체를 포함한 지상의 모든 물질을 구성하고 있는 소립자들 역시 스스로 힘을 가지고 흐르는 입자의 파동이라는 것이다. 〈스스로 힘을 가지고 흐르는 입자의 파동성〉은 곧 자연의 모습이라는 것이다.

얼마 전 오프라 윈프리 쇼에 소개되어 세간의 화제를 모았던 책 〈시크릿 the secret〉는 〈우주는 내가 믿는 대로 나를 지원한다〉 라는 주제를 가지고 많은 실증 자료들이 실린 CD와 함께 판매되었다. 〈시크릿 the secret〉에서 밝히고 있는 비밀은 내가 가지고 있는 믿음이라는 의식은 주위를 내 믿음대로 변화 시킬 수 있을 만큼 힘을 가지고 있다는 것이다.

의식은 의식의 빛, 의식 에너지로써 〈스스로 힘을 가지고 흐르는 파동〉으로 작동하기 때문에 나와 주위를 변화시키는 힘이 있으므로 나는 나의 믿음 그대로의 현실을 체험하게 된다는 것이다.

〈시크릿 the secret〉에서 저자는 〈우주는 내가 믿는 대로 나를 지원한다〉라는 근거를 양자 생물학, 양자 물리학에서 찾는다.

양자 생물학에서 주장하는 것은 인간의 몸을 구성하는 세포를 분자로 쪼개어 보고, 그 분자를 다시 더 이상 쪼갤 수 없는 원자로 쪼개어보면, 원자라는 소립자를 돌리고 있는 원자핵이 있고, 원자핵은 양자, 중성자, 전자의 파동이라는 것인데, 원자핵의 파동, 혹은 진동에 관여하여 우리 몸에 생화학적 변화를 일으키거나 조절하고 있는 것은 영적 정신적 의식 에너지라는 것이다.

양자 생물학에서 과학적 실험으로 밝히고 있는 것은 우리들 신체의 가장 근원적인 곳에서 화학적, 물리적 변화를 주도하고 있는 것이 바로 의식 에너지라는 것이다. 양자 생물학에서는 영적 정신적 의식에너지를 일컬어 모든 에너지를 발생시키는 궁극적 실재(Ultimate Reality)라고 결론짓는다.(양자 생물학 – 스텐포드대학 신경의학자, 글렌라인 생화학 박사)

〈물은 답을 알고 있다.〉라는 책을 보면 실제로 마주하고 있는 물 분자가 마주하고 있는 의식의 얼굴로 변하는 모습을 보여주고 있다. 물을 그릇에 떠 놓고 마음으로부터 어떤 메시지를 전달하고 나면 물 분자는 전해 받은 그 의식의 얼굴로 정확하게 변한다.

의식, 마음이란, 의식의 빛, 의식에너지로서 모든 자연의 모습이 그러하듯 〈스스로 힘을 가지고 흐르는 피동, 혹은 진동〉이다. 따라서 물 분자는 마주하고 있는 마음의 파장을 그대로 정확하게 전달받아 그 의식의 얼굴로 변한다.

의식은 그 의식의 모습, 그 의식의 얼굴로써 자신을 드러낸다. 의식은 특히 마음의 창이라고 불리는 눈빛을 통하여 자신을 드러낸다. 화라는 의식은 화낸 눈빛과 얼굴로서, 기쁨이라는 의식은 환하게 웃는 눈빛과 얼굴로서, 사랑이라는 의식은 사랑으로 반짝이는 눈빛과 얼굴로서, 평화라는 의식은 차분하고 편안한 눈빛과 얼굴로서 자신을 드러낸다.

이지적인 자아
지혜롭고 온화한 얼굴과 눈빛

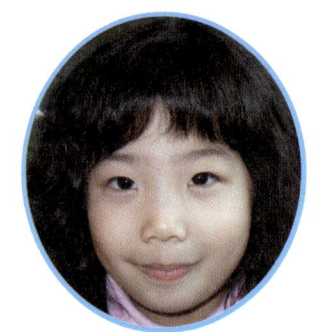

감정적인 자아
따스하고 사랑스런 얼굴과 눈빛

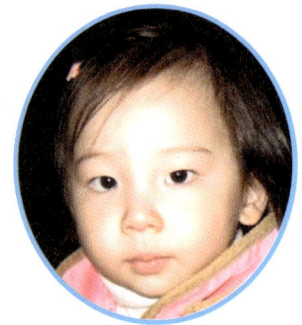

의지적인 자아
정의롭고 단호한 얼굴과 눈빛

생각이 많은 이지적인 자아는 생각이 가득 찬 지혜롭고 온화한 눈빛과 얼굴로서, 느낌이 강한 감정적인 자아는 느낌이 있는 따스하고 사랑스러운 눈빛과 얼굴로서, 판단이 빠른 의지적인 자아는 불의에 맞서 즉시 행동할 것 같은 정의롭고 단호한 눈빛과 얼굴로서 자신을 드러낸다. 그러므로 나의 눈빛과 얼굴은 나의 의식이 자신을 표현해 내는 도구가 된다.

이지적인 의식, 감정적인 의식, 의지적인 의식이 표현해 내는 아기들 눈빛과 얼굴은 영적, 정신적 의식 에너지가 모든 에너지를 발생케 하는 궁극적 실재(Ultimate Reality)라는 양자생물학 이론의 실체를 보여 준다.

우리들 신체에 관여하여 생화학적 변화를 일으키거나 조절하고 있는 궁극적 실재로서 영적, 정신적 의식에너지를 양자 생물학에서 생체 에너지 몸(Bioenergy Body)이라고도 부른다. 생체 에너지 몸(Bioenergy Body)을 흔히 쓰는 우리 말로 표현해 보면 생기(生氣)이다.

우리들 육체적 생명, 우리들 장기의 혈을 건강하게 돌려주는 것은 절대 의식, 하느님 생명의 빛으로서 생기(生氣) – 사랑, 기쁨, 평화, 지혜, 옳음, 강함, 품위, 충실, 성취의 빛이다.

한의학에서는 〈다기소혈(多氣小血)〉이라는 말로 기(氣)가 많고 혈이 적어야 우리의 신체가 건강하게 유지된다고 말한다. 〈스스로 힘을 가지고 흐르는 기(氣)의 파동〉이 신체의 혈(血)을 돌려주고 있기 때문이다. 〈다기소혈(多氣小血)〉이라고 할 때의 기(氣)란 긍정적인 기(氣), 생기(生氣)를 말한다. 긍정적인 의식의 기운인 생기는 우리의 혈을 건강하게 돌려 준다. 그러나 부정적인 의식의 기운은 생기(生氣)의 흐름을 막는다.

한의학에서 두려움의 기운은 위에 흐르는 생기를 막아 위를 상하게 하고, 슬픔의 기운은 폐에 흐르는 생기를, 화의 기운은 간에 흐르는 생기를, 온당치 못한 지나친 기쁨, 쾌락은 심장에 흐르는 생기를 막아 우리들 장기를 부패시킨다고 한다.

우리는 우리를 비추고 있는 신성의 빛을 긍정적으로 발현시켜 혈을 돌려주는 생기(生氣)가 되도록, 혹은 부정적으로 발현시켜 혈을 막는 죽음의 빛, 사기(死氣)가 되도록 하는 의식수준을 가지고 있다.

우리를 비추고 있는 신성이 빛이 우리의 의식수준에 따라 긍정석으로 발현될 때 우리를 비추고 있는 신성의 빛은 나의 육체적 심리적 생명을 건강하게 돌려주는 생기(生氣)가 된다.

그러나 우리의 의식수준이 이기적인 자아에 끌리고 있는 수준이라면, 우리는 우리를 비추고 있는 신성의 빛을 부정적으로 굴절시켜 죽음의 빛, 사기(死氣)인 두려움, 슬픔, 수치심, 화 등을 경험하게 된다.

우리들 이기적인 자아에 의해 굴절되어 발현되는 거짓 사랑, 기쁨, 평화, 지혜, 옳음, 강함, 품위, 충실, 성취의 빛은 우리들 육체적 생명을 속여 잠깐은 타오르게 할 수 있으나 오래 속일 수는 없다.

결국 우리들 장기의 세포는 생명의 빛으로부터 오는 생기(生氣)를 얻을 수 없으므로 경직되고, 경직된 세포로 인해 두려움, 수치심, 슬픔, 화 등이 생겨나고, 두려움, 수치심, 슬픔, 화 등의 부정적인 감정은 감정의 종류에 따라 특정한 장기를 부패시키는 악순환으로 이어져 다시 생기를 막음으로써 우리들 육체적, 심리적 생명을 죽음으로 몰고 간다.

분칠하지 않은 자연 안에서 우리는 편안한 기운을 느끼게 되는데, 그 편안한 기운은 〈스스로 힘을 가지고 흐르는 파동〉으로서 우리의 몸과 마음을 편안하게 이완시켜 준다. 기도하는 장소인 수도원을 방문했을 때, 우리는 신령한 기운(氣運)을 느끼며 몸과 마음이 청량해 지는 것을 느낀다. 수도자들의 기도는 그 기도만큼 정확하게 그 수도원의 기운을 만들어내는 의식 에너지가 된다.

흉가를 방문했을 때, 으스스한 기운을 느끼게 되는데, 그 기운의 영향으로 몸에는 오소소한 소름이 돋는다. 흉가에서 일어났던 흉측한 일들은 정확하게 그 흉가의 기운을 만들어낸 의식 에너지 〈스스로 힘을 가지고 흐르는 파동〉이 되어 우리들 몸에 생화학적 변화를 일으키기 때문이다.

신체에 생화학적 변화를 일으키거나 조절하는 영적, 정신적 의식 에너지가 모든 에너지를 발생케 하는 궁극적 실재(Ultimate Reality)라는 양자 생물학 이론은 차크라cakra로 불리는 인도 철학으로부터 전해오는 지혜이기도 하다. 차크라는 정신적인 힘과 육체적인 기능이 합쳐져 상호작용을 하는 초점이라고 알려지고 있다.

인도 철학에서 인간의 몸은 정신적, 영적 상위차원에서부터 물질계의 세포단위까지 다차원적으로 존재하고 있다고 말한다. 인간의 몸은 신체의 상위차원에서 빛 에너지인 순수 절대 의식 에너지와 연결되어 있으며, 순수 절대 의식에너지인 빛 에너지가 진동을 낮추는 과정에서 연결점인 차크라를 통해 지구 에너지를 물질화 시켜 신체를 만들어 낸다고 한다.

우리를 비추고 있는 신성(神性)이란 절대자의 절대 의식을 말하고, 빛이란 에너지를 뜻하므로 신성의 빛이란 절대자의 순수 절대 의식에너지로서 양자 생물학에서 말하는 궁극적 실재(Ultimate Reality)이다.

우리의 육체적, 심리적 생명이 어떤 요인에 의해 신성의 빛, 순수 절대 의식 에너지와의 연결이 끊길 때 육체적, 심리적 생명을 돌리고 있는 생기(生氣)를 잃게 되어 혼절, 혹은 기절하게 되는데 그러한 상태를 우리는 의식을 잃었다, 혹은 의식이 갔다라는 말로 표현한다.

위에 열거한 여러 가지 사실들로 미루어 볼 때 의식하는 나, 자아는 부모로부터 왔을까? 생명을 준 이로부터 직접 왔을까? 같은 신성의 빛, 하나의 뿌리로부터 발현되는 얼굴빛과 눈빛, 기운이 똑 같다는 것은, 순수 절대 의식에너지가 〈스스로 힘을 가지고 흐르는 파동〉으로서 모든 에너지를 발생시키는 궁극적 실재(Ultimate Reality)라는 양자 생물학의 이론을 실증적으로 밝혀주는 현상학적 증거다.

또한 우리의 얼굴이 우리를 비추고 있는 신성의 빛, 스스로 작용하고 있는 절대 의식에너지, 하느님의 말씀으로부터 왔다는 것을 증거하고 있다.

사람의 얼굴빛, 기운, 사소한 몸짓으로부터 한 사람의 내면을 읽을 수 있었다는 에니어그램의 스승 구르지예프가 걸었던 길을 따라가다 보면 사람이 하느님의 마음, 말씀, 하늘의 기운, 신성의 빛, 혹은 자연의 빛으로 불리는 순수 절대 의식에너지로부터 왔다는 일관된 신념을 만날 수 있다.

구르지예프는 티베트 불교, 도교, 수피교, 인디언 및 그리스도교 신비주의를 공부했으며 여러 은수자와 비경의 사원 등에서 얻은 지혜와 통찰로써 사람들의 사소한 표정, 몸짓, 동작에서 성격이나 심리상태를 알 수 있었다고 한다. 그가 지혜를 얻었던 티베트 불교, 그리스도교 신비주의, 도교, 인도철학의 길을 따라가 보자.

- 불교에서 말하는 일체유심조(一切有心造)의 의미는 모든 것은 마음으로부터 생겨났다는 뜻으로써 영적, 정신적 의식에너지가 모든 에너지를 발생시키는 궁극적 실재(Ultimate Reality)라는 양자 생물학 이론을 뒷받침하고 있다.

- "한 처음에 말씀이 있었다. 말씀은 하느님과 함께 계셨는데, 말씀은 하느님이셨다. 모든 것은 말씀을 통해 생겨났고, 말씀 없이 생겨난 것은 하나도 없다. 말씀 안에 생명이 있었으니, 그 생명은 사람들의 빛이었다."라는 요한복음(1, 1~5)의 의미 역시 모든 것이 하느

님의 마음에서 나온 말씀에 의해 생겨났다는 의미로서 일체유심조(一切有心造)의 의미와 맥을 같이 하고 있다. 또한 말씀이 생명의 빛이라는 요한 복음의 의미 역시 영적, 정신적 의식에너지가 모든 에너지를 발생시키는 궁극적 실재(Ultimate Reality)라는 양자생물학 이론을 뒷받침하고 있다.

● 도교의 천(天), 지(地), 인(人)을 설명하고 있는 정(精)기(氣)신(神)의 의미는 신(神) = 하늘의 마음이, 정(精) = 정자와 난자가 만나는 곳에 심어져, 기(氣) = 사람이 되었다는 뜻이다. 그런 의미에서 도교에서는 생명 현상이 기(氣)의 생성과 소멸이라고 설명한다. 이는 하느님께서 진흙으로 사람을 빚어서 하느님의 숨, 하느님의 기운인 말씀을 불어넣어 생명이 되게 하셨다는 성서 말씀의 의미와 같다.

도교의 양생(養生)사상에서 말하는 무위자연(無爲自然)사상이란, 내가 한다는 의식 없이 스스로 일어나는 자연스러움으로 행한다는 뜻으로서 내가 나를 움직이게 하는 것이 아니고 천기(天氣), 스스로 작용하고 있는 하늘의 기운(氣運), 자연의 빛이 나를 움직이도록 할 때 생명이 살아난다는 의미이다.

이는 그리스도교에서 하느님의 숨, 하느님의 말씀이 나를 움직이도록 성령께 의탁하라는 의미와 맥을 같이 하고 있다.

● 인도 철학에서 인간 존재의 핵이라고 일컫는 아트만은 의식하는 개체라는 뜻인 〈아(我)〉로 쓰인다. 아트만은 인간의 의식을 움직여 가는 자아(自我)의 주체, 실재라고 말하며 호흡, 생기(生氣)라는 의미로 쓰인다. 그러므로 인도 철학에서 아트만을 말하는 〈아(我)〉의

의미는 인간의 의식을 움직여가는 절대 의식의 주체로서 절대아(絕代我), 즉 하느님을 의미하며, 도교에서 말하는 천기(天氣)의 의미와 같고 성서에서 말하는 하느님의 숨, 말씀의 의미와 같다.

위에서 열거한 모든 내용들을 정리해 보자. 도교의 양생(養生)사상, 인도철학에서 아트만의 의미, 양자 생물학의 이론은 스스로 작용하고 있는 신성의 빛, 절대자의 마음으로부터 온 말씀, 하늘의 기운, 순수 절대 의식에너지가 생명의 원인이고 본질이며 생명을 움직여 가고 있는 생명력이라는 의미이다.

따라서 모든 것이 말씀으로부터 생겨났고 말씀이 우리들 육체적, 심리적 생명의 본질이며 우리들 몸과 마음을 움직여가는 생명의 빛이라는 요한복음(1,1~5)의미로 요약될 수 있다.

진리와 선과 아름다움 자체인 신성(神性)으로부터 생명을 나눠 받아 신성(神性)이 우리들 육체적, 심리적 생명의 본질이며, 우리들 육체적, 심리적 생명을 돌리는 생기(生氣)이므로 우리들은 우리들의 육체적, 심리적 생명을 지켜 나가려는 무의식적, 본능적 욕구로 인해 진, 선, 미를 추구한다.

진리를 추구하는 생명의 빛은 기쁨, 충실, 지혜의 빛이고 선을 추구하는 생명의 빛은 옳음, 강함, 평화의 빛이고 아름다움을 추구하는 생명의 빛은 사랑, 성취, 품위의 빛이다.

진리의 빛 – 기쁨, 충실, 지혜의 빛이 비추고 있는 얼굴은 일반적으로 알아야 한다는 본능을 가지고 있고, 지혜를 추구할 수 있는 머리와 재능을 타고났으며, 이지적인 얼굴을 가지고 있다.

아름다움과 사랑의 빛 – 사랑, 성취, 품위의 빛이 비추고 있는 얼굴은 관계 안에서 사랑 받고 인정받아야 한다는 본능을 가지고 있고, 아름다움과 사랑을 추구할 수 있는 심장과 재능을 타고났으며, 감정적인 얼굴을 가지고 있다.

선함의 빛 – 옳음, 강함, 평화의 빛이 비추고 있는 얼굴은 선, 악을 빠르게 분별하고 판단하여 바로 잡으려는 본능을 가지고 있고 힘과 정의를 추구할 수 있는 튼튼한 장과 불의가 어디에서 작동하는지를 알 수 있는 재능을 타고났으며, 의지적인 얼굴을 기지고 있다.

절대자의 마음, 각 신성의 빛이 비추고 있는 각 얼굴들은 빛의 성품에 따른 얼굴과 재능을 가지고 있다. 우리의 얼굴과 재능들은 하느님의 성품으로부터 왔으며, 하느님의 한 조각 얼굴들로서 있는 그대로는 완벽하고 훌륭하다.

하느님이 세상을 창조하시고 〈보시기에 참 좋았다.〉라고 하신 것처럼 우리도 역시 각 개인이 가진 하느님의 얼굴에 따라 나는 귀하고 훌륭하다라는 믿음을 가지고 있다.

3) 왜 다른 얼굴로 태어날까?

그렇다면 하느님에 의해 주어진 본성 안에서 지고의 평화와 기쁨, 사랑과 생명을 누리고 있어야 할 우리에게 어찌하여 두려움과 어두움과 고통과 죽음이 찾아 왔을까? 우리들의 본성에 따라 요구되는 진정한 소망에 의해 생각하고 말하고 행동하고자 했던 신령한 것들은 없어지고 혼돈 가운데 나는 누구이며, 나의 진정한 소망이 무엇인지도 모른 채, 어떻게 하여 헛된 바램 들을 키워 왔을까? 어찌하여 우리는 어두움 가운데 좌충우돌하며 헛손질을 일삼아 왔으며, 시지프 신화 속의 이야기처럼 산의 정상으로 힘겹게 밀어 올린 돌덩이를 또 다시 힘겹게 들어 올리는 일을 평생 동안 되풀이 하고 있을까?

이를 설명하기 위한 가장 적절한 비유를 찾아 성서의 창세기에서 언급된 선악과 열매에 관한 이야기를 들어보자. 아담이 선과 악을 알게 하는 선악과를 따먹고 난 뒤, 하느님이 "너 어디에 있느냐?" 하고 물으시자 그 때서야 아담은 자신이 알몸이란 걸 알고 두려워 숨었다고 이야기한다.

존재의 깊은 의식 안에서 신성의 빛과 연결되어 있던 아담의 몸은 신성(神性)과 상관없이 자신의 힘으로 선과 악을 분별하고 판단해 보려는 의식으로 말미암아 신성의 빛을 가리게 되어 어두워지고 아담은 신성(神性)의 빛 대신 자신의 알몸만을 보았으므로 알몸을 드러내기가 두려워 무화과나무 뒤로 숨어들었다.

우리는 신성의 빛으로부터 태어난 빛의 자녀이고, 존재의 깊은 의식 안에서 신성의 빛과 연결되어 있는 빛의 존재이나, 존재의 깊은 의식 안에서 빛나고 있는 신성의 빛, 그 빛과의 연결이 어떤 요인에 의해 가려져 흐려질 수 있다.

신성의 빛, 본질과의 연결을 불안정하게 하는 요인은 신성(神性)과 상관없이 내 힘으로 무언가를 해 보려는 이기적인 자아의 작용으로 말미암은 것이다. 나의 이기적인 자아가 신성의 빛, 본질과의 연결을 막음으로써 우리의 존재는 어두워지고 불안정하게 되어 어둠 속에서 두려움과 함께 좌충우돌하게 된다. 우리의 존재는 스스로 있지 않고 신성의 빛과 연결되어 있는 빛의 존재이므로 하느님과 상관 없이는 불가능하기 때문이다.

우리의 몸은 신성의 빛 안에 있을 때 밝아지나 자아충족을 위해 신성(神性)과 상관없이 내 힘으로 판단하고 분별하고 반응하려는 집착 안에 묶여 있을 때 어두워진다. 자아충족을 위해 내 힘으로 선과 악을 분별해 보려는 교만으로 인해 원죄를 지닌 채 태어나는 우리의 알몸은 이미 집착의 몸이며, 이기적인 자아 충족을 위해 자신이 가지고 태어난 성향으로 다른 이를 판단하고 해석하고 반응하려는 무의식적인 성향을 지닌 채 태어난다.

우리가 가지고 태어나는 무의식적인 성향은 신성(神性) 즉 우리의 본성과는 상관없이 자아 충족을 위해 선악을 분별하고 판단하고 반응하려는 이기적인 것으로서 잘못된 자기 사랑이며, 두려움과 함께 우리를 죽음으로 이끈다. "선과 악을 알게 하는 나무 열매만은 따 먹지 말아라. 그것을 따 먹는 날 너는 반드시 죽는다." 창세기 (2:17)

우리의 몸과 마음을 비추고 있는 말씀은 하느님께서 우리에게 맡겨주신 우리의 소명이다. 우리는 우리에게 맡겨주신 소명을 다할 수 있도록 소명에 따른 재능도 함께 주어졌다. 그러나 우리를 비추고 있는 빛의 소명에 따른 의식의 고착으로 인해 집착이 생겨나고 집착에 갇힌 우리들의 눈과 귀로 보고 들음으로써 우리의 이해는 제한되며, 상대를 있는 그대로 보지 못하고 있는 그대로 듣지 못한다.

우리는 자신의 집착에 갇혀 상대를 자신이 가진 집착의 눈으로 굴절시켜 보고 집착의 귀로 굴절시켜 들음으로써 잘못 판단하게 되고 잘못된 판단에 의한 잘못된 반응으로 서로 부딪히게 되면서 조화롭지 않는 관계에 놓이게 되고 가혹한 현실을 경험하게 된다. 그리고 그 가혹한 현실 안에서 부정적인 감정들을 경험한다.

조화롭지 않는 관계에서 오는 이러한 부정적인 감정들 두려움, 걱정, 수치심, 질투, 우울, 권태로움, 의기소침, 슬픔, 화 등은 감정의 종류에 따라 특정한 장기에 기억되고 영향을 주어 병들게 한다.

예로부터 슬픔은 폐를 망가뜨리고, 고통을 거쳐 정화된 내적 기쁨이 아닌, 승부에서 이겼을 때 느끼는 거짓 기쁨은 심장을 망가뜨리고, 화는 간을 상하게 한다고 알려지고 있으며 병든 장기들은 서로 역학적으로 작용하여 결국 죽음에 이르게 된다. 우리는 그렇게 잘못된 자기 사랑으로 죽어간다.

선악과를 따 먹음으로써 결국 죽어갈 알몸으로 태어나게 된 경위에 대해서 창세기에서 언급된 선악과 열매에 관한 이야기로 돌아가 구체적으로 풀어보자.

창세기(1,27)를 보면 "하느님께서는 당신 모습으로 사람을 창조하셨다."라고 쓰여 있다. 풀어보면 하느님이 자신의 속성인 절대 의식의 빛 – 평화, 기쁨, 사랑, 옳음, 강함, 지혜, 품위, 충실, 성취의 빛으로 사람을 창조하셨다는 것이다.

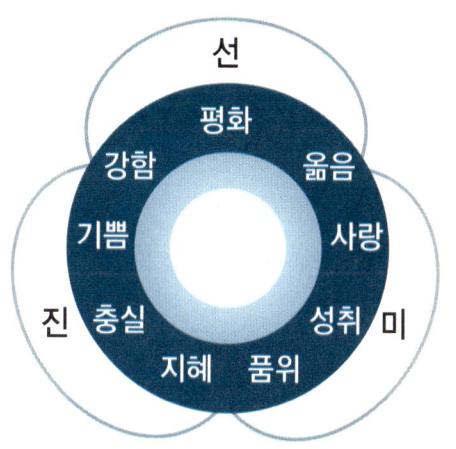

말씀, 절대 의식의 빛

앞에서 말한 바와 같이 하느님의 속성인 말씀, 절대 의식이란 차별, 대립을 근거로 하고 있으나, 차별 대립을 초월하고 있는 의식이다. 하느님의 평화란 하느님의 옳음, 사랑, 성취, 품위, 지혜, 충실, 기쁨, 강함을 품고 있으며, 하느님의 사랑이란 하느님의 옳음, 성취, 품위, 지혜, 충실, 기쁨, 강함, 평화를 품고 있으며, 하느님의 기쁨이란, 하느님의 옳음, 사랑, 성취, 품위, 지혜, 충실, 강함, 평화를 품고 있는 의식이기 때문이다.

따라서 우리를 비추고 있는 말씀, 신성의 빛은 하나의 빛이라 할지라도 모든 의식을 품고 있는 절대 의식에너지로서의 말씀, 신성의 빛이다. 우리를 비추고 있는 각 말씀의 빛이 우리에게 생명력으로 존재 할 때는 차별, 대립을 초월한 절대 의식의 빛으로 존재할 때이다. 따라서 우리는 모두가 함께 조화롭게 손 잡고 있을 수 있을 때에야 비로소 살아있음을, 생명의 약동을, 존재의 기쁨을 느낀다.

그러나 하나의 의식으로 분리되어 스스로의 힘으로 선, 악을 분별해 보겠다는 이기적인 자아에 의해 내어난 우리들의 알봄은 우리를 비추고 있는 신성의 빛을 이기적인 자아로 굴절시킨다. 우리의 알봄을 거치면서 굴절된 신성의 빛은 우리들 육체적 심리적 생명에 개성을 주어 그 빛의 성품으로 성장하도록 해준다.

그러나 개성화된 우리의 육체적, 심리적 생명이 생명일 수 있도록 끌어주는 것 역시 하느님의 마음에서 나온 절대 의식의 빛, 말씀의 빛이다. 따라서 우리의 육체적 심리적 생명이 건강하게 꽃 피워 날 때는 절대 의식으로서의 개성화가 이루어질 때이다.

예를 들어 성취의 기운을 타고 난 자아가 절대 의식으로서의 개성화를 이루어 냈다면 그의 생각과 말과 행위의 동기는 하느님으로부터 소명으로 주어진 성취이지만, 그의 성취를 위한 생각과 말과 행동은 하느님의 옳음, 강함, 품위, 지혜, 성실을 품고 있고 하느님의 기쁨, 평화, 사랑 안에서 이루어진다. 그렇게 될 때 성취의 기운을 타고난 이는 모든 이의 본질에 닿을 수 있다. 따라서 모든 유형은 절대 의식으로서의 개성화를 이루어내어 모든 이의 본질에 닿아 나도 이웃도 다 함께 하느님의 생명 안에서 참된 행복을 찾아 누릴 수 있다.

그러나 내 힘으로 선, 악을 분별해 보고자 태어난 우리들의 이기적인 자아는 우리를 비추고 있는 신성의 빛을 굴절시켜 차별, 대립의 구도로 움직여 서로 구분 짓고 경계하도록 만드는 자동반응을 가지고 있다. 서로 구분 짓고 경계하게 되는 우리들 자동반응으로 인해 우리는 조화롭지 못한 관계에 놓이게 되고, 조화롭지 않는 관계에서 부정적인 감정 – 두려움, 수치심, 화, 슬픔, 우울 등을 경험하게 되고 부정적인 감정의 기운은 다시 나를 비추고 있는 생명의 빛, 생기(生氣)를 막는 악순환을 만들어 내며 우리들 육체적, 심리적 생명을 죽음으로 끌고 간다.

의식에너지는 생명 에너지이다. 평화, 옳음, 사랑, 성취, 품위, 지혜, 충실, 기쁨, 강함의 의식 에너지 중 우리를 비추고 있는 하나의 의식에너지만으로 선, 악을 분별해 보고자 했을 때 분별할 수도 없을 뿐만 아니라, 우리를 비추고 있는 생명 에너지는 생명력을 가지고 존재할 수가 없으므로 우리들 육체적, 심리적 생명도 생명력을 잃고 죽어가게 되어 있다.

그런 의미에서 하느님은 선악과를 따 먹지 말라고 명하셨다. 그러나 아담의 어리석고 이기적인 자아는 사탄의 꼬임에 넘어가 선악과를 따 먹었다. 선악과를 따 먹고 태어난 우리들의 알몸은 우리들 육체적 심리적 생명을 비추고 있는 말씀, 생명의 빛을 혼자의 힘으로 이루어 보겠다는 이기적인 자아로 굴절시켰다.

우리는 우리를 비추고 있는 말씀의 빛에 따른 가치와 관심사를 가지고 태어나며, 자신이 가지고 살아가는 가치를 이루어내기 위한 사고방식과 행동방식 즉 자신의 가치에 따라 선, 악을 분별하며 자신의 가치에 따라 세상을 해석하고 반응하게 되는 사고방식과 행동방식을 가지고 태어난다.

그런 이유로 우리는 타인의 가치와 관심사, 사고방식, 행동방식을 이해하지 못하고 서로를 구분 짓고 경계하면서 조화롭지 못한 관계에 놓이게 되고 부정적인 감정을 경험하게 되면서 앓게 된다. 따라서 서로 구분 짓고 경계하기로 조건 지어진 우리들 알몸은 죽기로 운명 지어진 바보 같은 알몸이다.

의식에너지는 생명에너지이므로 하느님께서 물으셨던 "너 어디 있느냐?"라는 물음은 "너의 마음, 너의 의식이 어디 있느냐?"와 같은 의미이다. 진리와 선과 아름다움 자체인 신성(神性)의 현현, 하느님의 모상인 우리는 본능적으로 진리와 선, 아름다움과 사랑을 추구한다. 우리는 진리를 추구하는 몸, 선함을 추구하는 몸, 아름다움과 사랑을 추구하는 알몸으로 태어난다.

진리를 추구하는 몸은 진리의 빛 – 지혜, 충실, 기쁨의 빛을 이기적인 자아로 굴절시켜 내 힘으로 이루어 보고자 태어난 이들로서 태어나 말을 배우기 시작하면서부터 다른 말보다 먼저 〈

왜? 이건 뭐야?〉라는 말부터 익힌다. 이들은 진리를 추구하고자 생각해야 하기 때문에 의식이 주로 머리에 가 있다. 이들의 의식에너지, 생명에너지는 주로 머리에서 작동한다. 이들은 머리가 강화되어 있는 알몸으로 태어난다.

강화되어 태어난 머리가 집착으로 쓰일 때 이들은 많은 지식과 정보를 얻게 된다. 그러나 머리로 어두운 각본을 쓰게 되고 어두운 각본에서 온 두려움, 걱정, 편집증, 결벽증 등의 반 생명에너지에 의해 망가지기 쉽다. 머리 중심 사람들이 흔히 앓게 되는 병은 두려움, 걱정 등으로 앓게 되는 위염, 위궤양, 위암, 갑상선 질환, 노이로제, 정신질환 등이다.

선함을 추구하는 몸은 선함의 빛 – 옳음, 강함, 평화의 빛을 이기적인 자아로 굴절시켜 내 힘으로 이루어보고자 태어난 이들로서 이들 중 강함의 기운을 타고난 이들은 혀도 채 돌아가지 않는 귀여운 발음으로 명령 투의 어휘를 즐겨 쓰며 대체로 튼튼하게 태어나 힘과 정의에 관심을 갖는다.

이들은 어디에 불의가 작동하는지를 빠르게 알아내고 바로 잡아야 하기 때문에 장, 몸통으로 현실의 한 부분이 되어 몰입해야 하므로 의식이 주로 장에 가 있다. 이들의 의식에너지, 생명에너지는 주로 장에서 작동한다. 이들은 장이 강화되어 있는 알몸으로 태어난다.

강화되어 태어난 장이 집착으로 쓰일 때 직감이 빠르며 불의가 어디에서 작동하는지를 안다. 그러나 선, 악에 대한 이들의 과도한 집착에서 오는 화, 우울, 슬픔 등의 반 생명에너지에 의해 망가지기 쉽다. 장 중심 사람들이 흔히 앓게 되는 병은 불의가 고쳐질 수 없는 것에 대한 화로 인해 앓게 되는 간 질환, 불의를 보고도 고쳐질 수 없는 절박함으로 오는 우울, 슬픔으로 앓게 되는 폐질환, 심혈관계 질환 등이다.

사랑과 아름다움을 추구하는 몸은 사랑과 아름다움의 빛 – 사랑, 성취, 품위의 빛을 이기적인 자아로 굴절시켜 내 힘으로 이루어보고자 태어난 이들로서 태어나면서부터 먼저 상대방이 자신을 싫어하는지, 혹은 좋아하는지를 직관하게 되며 관계 안에서 사랑을 주고 받는 쪽으로 움직인다.

이들은 아름다움, 사랑을 추구하기 위해서 먼저 심장으로 사랑을 느껴야 하기 때문에 의식이 주로 심장에 가 있다. 이들의 의식에너지, 생명에너지는 주로 심장에서 작동한다. 이들은 심장이 강화되어 있는 알몸으로 태어난다.

강화되어 태어난 이들의 심장이 집착으로 쓰일 때 사랑 받고 인정받지 못한다는 데서 기인한 수치심, 슬픔, 화 등의 반 생명에너지에 의해 망가지기 쉽다. 심장 중심 사람들이 흔히 앓게 되는 병은 심장혈관계의 고장으로 오는 고혈압, 심장병, 또한 사랑 받고 인정받을 수 없는 상황에서 오는 분노로 앓게 되는 간 질환이다.

죽을 운명에 처해진 상태로 태어나는 우리들의 알몸은 우리의 의식이 주로 어디에서 힘을 쓰고 있는 지를 알려주는 힘의 중심을 가지고 있다. 힘의 중심에 의해 세상을 해석하고 반응하게 되는 우리의 재능은 집착이라는 조건하에서 작동되므로 다른 이의 재능과 부딪히게 되고 부딪혀서 힘들수록 얼어붙게 되어 우리의 재능은 우리의 결점이 되고 만다. 세상은 그렇게 우리들의 재능을 조화롭게 써서 다 함께 완벽한 하느님의 얼굴을 만들어가기보다 집착과 집착이, 결점과 결점이 부딪히는 힘든 곳으로 변해왔다.

우리들의 몸과 마음은 힘의 중심에 의한 자동반응으로 오는 차별, 대립, 그리고 차별, 대립에서 오는 두려움, 수치심, 화 등에 의해 손상되고 손상된 장기는 다시 우리들의 심리적 생명에 악영향을 미치는 악순환을 부르며 생로병사의 길을 걷게 된다. 그렇게 욕망이 죄를 낳고 죄가 죽음을 낳는다는 성서말씀이 이루어진다.

따라서 우리의 알몸은 관계 안에서 주고받는 긍정적, 부정적 영향으로 끊임없이 변화하는, 끊임없는 세포분열로 한 순간도 그 자리에 있을 수 없는 육체적, 심리적 생명을 가지고 태어났다. 한 순간도 그 자리에 있을 수 없는 우리들 육체적, 심리적 생명은 세상의 모든 것들과 마찬가지로 시간이 지나면서 결국 퇴색되고 그 유한한 생명을 마치게 되는, 본질과의 연결이 불완전한 반 생명이며, 실재적 존재의 생명이라고 부르기에는 부적당한 생명의 표상들이다.

◎ 실재 – 생명을 찾아 헤매는 욕망의 삶

실재적 존재의 생명력은 사랑, 기쁨, 평화, 지혜, 옳음, 강함, 충실, 기품, 성취가 모두 하나로 손 잡고 있을 때에야 그 진정한 생명력을 갖게 된다. 따라서 하나하나의 마음으로 분리되어 태어난 우리들 육체적, 심리적 생명은 결국 죽게 되어 있는 유한한 생명이다.

죽을 운명에 놓인 우리들 육체적, 심리적 생명은 실재적 존재의 생명력을 향한 본능적 요구에 의해 분리불안과 함께 생명의 빛, 실재(實在)를 찾아 일치하고자 하는 무의식적 욕구를 가지고 있다.

우리가 실재적 존재의 생명력을 되찾을 수 있을 때에는 내게 주어진 힘 – 기쁨, 평화, 지혜, 옳음, 강함, 충실, 기품, 성취의 힘으로 선, 악을 분별하고 이루어 보겠다고 쓰고 있던 나의 모든 전략 – 나의 것이 아닌 것들을 부정하고 구분 짓던 모든 것 들을 내려놓고 하나로 손 잡을 수 있을 때이다.

그러나 차별, 대립으로 움직이게 되는 어리석은 자아가 만들어 낸 우리들 육체적, 심리적 생명은 실재가 아닌 실재의 표상, 결국 자신의 것이 형상화 된 우상을 실재와 동일화하여 매달리게 된다.

　프랑스의 정신 병리학자 쟈크 라캉은 실재 - 생명을 찾아 헤매는 인간들이 실재와 동일화하여 만들어 내는 우상숭배를 욕망이론으로 표현하고 있다. 라캉은 욕망의 단계를 상상계와 상징계, 실재계로 나눈다.

　첫 번째 단계 상상계에서는 '거울단계'로서 어린아이가 거울에 비친 자기 모습을 보고 그 거울 이미지를 따라 '상상적으로' 자아(自我)를 구성한다. 그러나 그렇게 구성된 자아는 진정한 본질이 아니며 어떤 대상을 놓고 자신이 원하는 자아 - 실재라고 상상하면서 다가서는 단계로서 오히려 주체를 속이는 기만적 환영이라는 것이다.

　두 번째 욕망의 단계 상징계에서는 실재라고 믿고 다가간 대상을 소유하는 단계이다. 그러므로 두 번째에서 소유한 대상은 실재의 자아를 상징하고 있다.

　세 번째 욕망의 단계 실재계에서는 대상을 실재라고 믿었으나 상징일 뿐, 소유한 순간 실재의 기만적 환영이었음을 알게 되면서 또 다시 채워지지 않는 욕망의 대상을 찾아 나서는 단계이다. 실재와의 일치를 향한 갈증의 끝은 자타가 없어지는 환각으로, 때로 광기로 드러나기도 한다는 것인데 마약, 알코올 중독, 섹스 등이다.

　인간은 일시적으로나마 마약, 알코올, 섹스 등으로 자신을 잊고 분리되기 전의 일치를 향해 하나가 되려고 하나 그러한 광기는 인간이 만들어낸 실재의 기만적 환영으로서 공허함 만을 안겨 줄 뿐이다.

　연예인들이 상습적으로 마약에 빠져드는 이유 역시 마약으로 공연과 자신을 일치시킬 수 있는 자유로움 때문이다. 실재, 존재감, 생명, 살아있음을 느끼고 싶은 무의식적, 본능적 욕구는 끊임없이 실재와 동일화한 영웅과 우상을 만들어 내고 우상 앞에서 하나가 되고자 한다.

청소년에게 유명 탤런트나 운동선수들은 그들을 하나로 묶어주는 우상이 된다. 우상을 향해 모여드는 청소년들의 모습은 존재감, 살아있음, 생명의 약동을 느끼고자 하는 무의식적, 본능적 몸짓이다. 우상 앞에서 자신을 잊고 하나의 주제로 함께 있다라는 그들을 하나로 묶어주는 일치의 정서는 낙원으로의 회귀 – 일치를 향한 그들의 무의식적 생존 욕구를 만족시켜 열광하게 만든다.

빛과 동일화한 우상들 – 진리와 지혜인줄 알고 찾아간 아인슈타인의 과학이 만들어낸 원폭, 선함과 정의인 줄 알고 찾아간 사랑 없는 정의의 복수 – 알카에다의 무자비함, 아름다움과 사랑인 줄 알고 찾아간 멋진 예술품들이 즐비한 저택과 멋진 차, 사랑과 아름다움의 이미지만 판치는 곳에서 생명의 빛은 작동하지 않는다.

사랑 받고 살아남기 위하여 성공해야 했고, 많은 것들을 소유해야 했지만 많은 것들을 소유하기 위해서 서로 손을 내밀면서도 서로의 손을 내쳐버리는, 사랑이라는 이름으로 서로를 괴롭히는 폭력만이 무성할 뿐 생명의 빛, 생명 에너지로써의 사랑은 멀찌감치 도망가 있다.

우리들이 섭취하고 있는 음식조차 그것이 생명을 만들어 내는 물질로 변화시키는 것은 관계 안에서 주고 받게 되는 정서적 지지 – 사랑, 기쁨, 평화이다. 긍정적, 혹은 부정적 영향에서 온 끊임없는 세포분열로 한 순간도 그 자리에 있을 수 없는, 결코 실재적 생명이라고 부를 수 없는 우리들 육체적 생명은 엄밀하게 관계 안에서 존재한다.

1960년도 루마니아의 한 고아원에서 발생했던 사건, 충분한 음식과 옷 등 환경이 주어졌는데도 불구하고 정서적 지지가 없었던 관계로 아기들이 모두 장애를 앓거나 죽어버렸던 사건은 우리의 존재가 관계 안에 있으며, 관계 안에서 주고받는 사랑, 기쁨, 평화 등의 정서적 지지가 인간의 육체적 생명에 직접 관여하고 있다는 실증적 증거다.

우리는 무인도에서 홀로 남은 인간은 동물들과의 의사소통으로 살아간다는 이야기를 듣는다. 관계 안에서 갖게 되는 정서적지지 – 사랑, 기쁨, 평화가 인간의 생명을 살리고 있는 생명의 빛, 생명 에너지이기 때문이다.

언젠가 일본의 어느 학자가 모든 걸 버리고 아프리카의 때 묻지 않는 자연 속에서 그곳 원주민 여성과 살고 있다는 이야기를 들은 적이 있다. 그러한 움직임 역시 실재를 찾아 일치 하고 싶은 본능적, 무의식적 욕구로부터 왔을 것이다.

그러나 문명의 때가 묻지 않은 아프리카라 할지라도 실재는 외부에 있지 않고 존재의 깊은 의식 안에서 빛나고 있는 실재적 존재의 사랑, 하느님으로부터 오는 사랑이고, 기쁨이고, 평화이다.

원효는 그의 대승 철학에서 존재론적 무의식적 욕망에 대해서 이렇게 말하고 있다. "무욕은 소유론적 욕망을 존재론적 욕망으로 전환시키라는 것이지 아예 없애 버리라는 것이 아닙니다. 인간이 욕계에서 살고 있는 이상 그런 일은 불가능한 요구입니다. 무욕은 소유론적 무의식적 욕망을 존재론적 무의식적 욕망으로 방향을 달리 하는 것입니다."

4) 각 마음의 힘이 작동하고 있는 곳

살아있음, 실재, 존재감을 찾아 생명을 누리고 싶은 우리들의 무의식적인 본능적 욕구에 의해 우리는 존재의 깊은 의식 안에서 우리에게 생명의 빛, 생명력이 되어 주고 있는 절대 의식 에너지 – 진리와 선함과 아름다움, 사랑을 추구한다.

우리는 생명 에너지인 진리에 닿기 위하여 생각해야 하고, 생명 에너지인 선함에 닿기 위하여 어디에 불의가 작동하고 있는지 빠르게 판단해야 하며, 생명 에너지인 아름다움과 사랑에 닿기 위하여 느껴야 한다.

그런 이유로 우리는 생각하는 사람, 느끼는 사람, 판단하는 사람이 되었다. 생각하고 느끼고 판단하는 우리들의 몸짓은 실재의 생명 – 존재에 닿게 되는 유일한 통로이기 때문이다.

근대 철학의 기초를 세운 데카르트는 그의 저서 〈방법서설〉에서 〈양식(bon sens)〉은 세상에서 가장 공평하게 분배되어 있는 것이며, 모든 인간은 동일한 자연의 빛(sens)을 가지고 있으므로 그들이 동일한 관념을 가지는 것은 당연하다라고 말한다. 그리고 인간에게 양식(bon sens)으로 주어진 자연의 빛(sens)의 보편적 발현을 위해서 이성을 순서 있게 유도하는 방법이 필요하고 말했다.

데카르트의 방법은 놀랄 만큼 단순하다. 그의 형이상학적 사색은 이른바 〈방법적 회의〉에서 출발했다. 그는 존재의 근원을 알기 위해서 조금이라도 의심스러운 것은 모두 의심해 보았다고 한다. 〈감각은 때로 틀리는 것이므로 믿을 수 없고 내가 지금 여기서 윗도리를 입고 화롯가에 앉아 있다고 하는 것도 꿈이 아니라는 절대적인 보증이 없으므로 신뢰할 수 없다. 그러나 모든 사물의 존재를 의심스럽다고 해서 멀리 할 수는 있어도 이렇게 의심하고 있는 나 자신의 존재는 의심할 수 없다.〉라는 결론에 도달한 데카르트는 〈나는 생각한다, 고로 존재한다(cogito ergo sum)〉라는 근본 원리를 확립시켰다.

　살아있음, 실재, 존재감을 가지고 생명의 약동을 느끼고 싶은 인간의 본능적 욕구로 인해 존재에 대한 숙고를 거듭한 끝에 〈나는 생각한다, 고로 존재한다.〉라는 결론에 도달한 데카르트나 〈인간은 생각하는 갈대〉라고 말했던 파스칼은 분명히 생각이 많은 이지적인 사람 중 하나이므로 〈나는 생각한다, 고로 존재한다.〉 라고 말할 수 있겠다.

　그러나 우리 모두가 데카르트나 파스칼처럼 이지적인 사람은 아니다. 우리들 중에는 가난한 이들을 위해 헌신하다 간 마더 테레사처럼 느낌이 강한 사람으로서 감정적인 사람들이 있는가 하면, 우리들 중 누구는 불의에 맞서 즉시 행동할 것 같은 판단이 빠른 사람으로서 마틴 루터 킹 목사처럼 의지적인 사람들도 있다.

　그러므로 느낌이 강한 감정적인 사람으로서 마더 데레사 같은 분들은 〈나는 느낀다, 고로 존재한다.〉 라고 말할 수 있겠고, 판단이 빠른 의지적인 사람으로서 루터 킹 목사 같은 분들은 〈나는 판단한다, 고로 존재한다.〉라고 말할 수 있겠다.

이지적인 자아
지혜롭고 온화한 얼굴과 눈빛

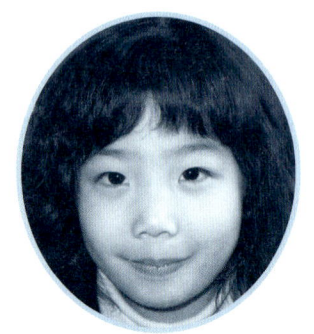

감정적인 자아
따스하고 사랑스런 얼굴과 눈빛

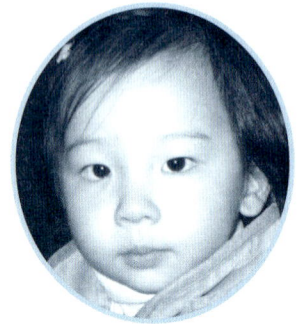

의지적인 자아
정의롭고 단호한 얼굴과 눈빛

이지적인 자아
나는 생각한다, 고로 존재한다.

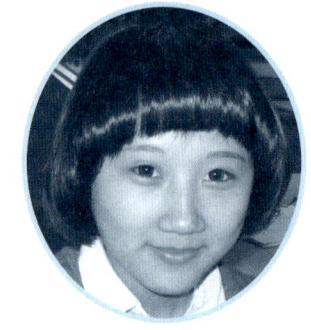

감정적인 자아
나는 느낀다, 고로 존재한다.

의지적인 자아
나는 판단한다, 고로 존재한다.

위의 얼굴들 눈을 들여다보면 모두 생각하고 있는 눈빛으로 보인다. 그러나 자세히 들여다 보면 이지적인 눈은 그야말로 생각으로 가득 차 있고, 감정적인 눈은 느낌의 바탕 위로 생각이 깔려 있고, 의지적인 눈은 판단의 바탕 위로 생각이 깔려있음을 알 수 있다. 이지적인 얼굴이 드러내는 기운(氣運)은 생각이 깊은 지혜로운 기운이고, 감정적인 얼굴이 드러내는 기운은 느낌이 있는 따스하고 사랑스러운 기운이고, 의지적인 얼굴이 드러내는 기운은 불의에 맞서 빠르게 판단하고 즉시 행동할 것 같은 정의로운 기운이다.

앞에서 말한 바와 같이 우리 모두는 생명 에너지에 닿기 위해 진리를 추구할 수 있고, 선함을 추구할 수 있고, 아름다움과 사랑을 추구할 수 있으나, 우리는 우리와 연결된 신성의 빛, 절대 의식에너지에 따라 고착된 우세한 힘의 중심을 가지고 있으므로 진리, 아름다움과 사랑, 선함 중에 하나를 더욱 더 추구하고 있다.

우리에게 진리, 지혜는 머리의 의미이며, 아름다움, 사랑은 심장의 의미이며, 선함, 정의는 장의 의미이다. 우리의 고착된 의식은 우리의 몸을 통해 자신을 드러낸다. 대상을 이해하고,

느끼고, 분별하고, 판단하고, 반응하는 나의 의식이 어디에 고착되어 있는가는 이기적인 자아가 어디서 작용하고 있는가를 말해 준다.

우리는 우리의 깊은 의식 안에서 연결되어 있는 빛의 성품에 따라 우세한 머리를 가지고 태어나 생각이 많고 진리와 지혜를 추구하는 머리 중심, 우세한 심장을 가지고 태어나 느낌이 강하며 아름다움과 사랑을 추구하는 심장 중심, 우세한 장을 가지고 태어나 판단이 빠르며 선함과 정의를 추구하는 장 중심 인간으로 태어난다.

힘의 중심은 본질이 막힐 때, 머리 형은 머리를 잘못 쓴다는 의미이며, 심장 형은 심장을 잘못 쓴다는 의미이며, 장형은 장을 잘 못 쓴다는 의미이다. 각 힘의 중심은 그 힘의 중심을 집착으로 너무 과하게 쓰게 될 때 우월하게 가지고 태어난 그 중심을 망가뜨린다. 머리 형은 머리를, 심장 형은 심장을, 장형은 장을 망가뜨린다. 자신이 쓰고 있는 힘의 중심은 스스로 작용하고 있는 절대 의식의 차별화가 가장 강하게 형성되어 있는 곳이므로 본질이 왜곡되고 막혀 있어 가장 자유롭지 못한 곳이다.

따라서 힘의 중심은 우리의 본질이 어디에서 막혀 있는지, 어디에서 우리의 이기적인 자아가 작동하고 있는지, 한 사람이 가지고 살아가는 가치, 소망과 욕구, 본능, 충동 등의 에너지가 어디에서 일어나고 있는지를 알려준다.

◎ 머리 형 – 생각하는 얼굴

- 이들은 힘의 중심이 머리에 있는 사람들로서 진리와 지혜를 추구하며 〈나는 생각한다, 고로 존재한다.〉라고 말할 수 있는 사람들이다. 이들은 기본적으로 먼저 눈으로 보고 자신의 생각으로 현실을 재구성한다. 이들은 〈알아야 한다.〉라는 본능적인 욕구와 충동, 태도, 어휘, 사고방식 등을 가지고 있다.

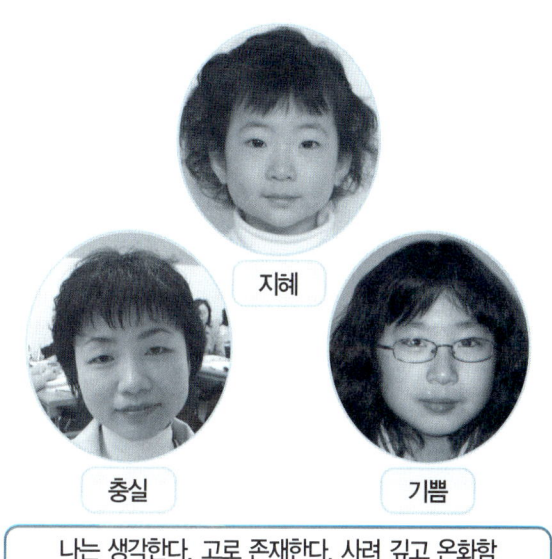

지혜

충실 기쁨

나는 생각한다, 고로 존재한다. 사려 깊고 온화함

- 이들은 생각이 많은 이지적인 사람들로써 사려 깊고 온화한 얼굴과 생각이 많은 부드러운 눈빛을 가지고 있다. 기쁨, 충실, 지혜의 기운을 타고난 이지적인 사람들이며, 지혜의 빛을 타고난 이들은 지혜롭고 현명한 기운의 얼굴을, 충실의 빛을 타고난 이들은 충실하고 순한 기운의 얼굴을, 기쁨의 빛을 타고난 이들은 명랑하고 가벼운 기운의 얼굴을 가지고 태어난다.

- 진리를 추구하는 이들은 모든 것을 이해하고 점검하고 난 뒤, 안전하다고 여길 때에야 행동한다.

- 이들은 명예욕이 많으며, 많은 아이디어를 가지고 있는 비전의 리더들이다.

- 이들은 일반적으로 공동체 중심사람들로서 자신과 공동체를 안전을 염려한다. 이들은 자신이 속한 단체에서 자신의 의견이 받아들여질 수 있는지에 마음을 쓰며 권위자의 의견

을 중시한다. 이들은 공동체나 그룹 안에서 피난처를 찾으며 명령과 책임을 생각하고 충분히 생각한 후에 행동으로 옮긴다.

● 이들은 본질과의 연결이 막혀 있을 때 내면의 안내와 지원이 부족하다고 느끼고 정보를 모으고 지식을 축적한다.

● 이들은 이기적인 자아가 가장 많이 작동하는 곳이 머리이기 때문에 머리를 적절하게 쓰지 못하고 반복되는 사고기능에 갇혀 어두운 각본을 끊임없이 쓸 수 있으며, 편집증, 신경증, 불면증 등에 시달릴 수 있다.

● 이들은 소심해 질 수 있으며 그럴 때 간혹 타인을 직시하는 것을 피할 때도 있다. 이들은 겉으로는 확실하고 설득력이 있고 현명하게 보이나 자신은 고립되고 혼돈스러우며 무의미함을 느낄 수 있다.

● 이들은 자아충족을 위한 행동의 밑바탕에 많은 두려움을 가지고 있다. 지혜의 기운을 가지고 태어난 이들은 움츠려 들며 방관자의 자세로 세상과 떨어져 상황을 해석함으로써, 충실의 기운으로 태어난 이들은 종종 사람과 공동체에서 희생자적인 역할을 떠맡으려 함으로써, 기쁨의 기운으로 태어나 이들은 가벼운 기운으로 어디에도 매이지 않고 날아다님으로써 진지하고 심각한 고통을 피하며, 두려움으로부터 벗어나려 한다.

● 이들이 두 번째로 쓰는 힘의 중심은 심장중심이다. 어두운 각본에서 온 머리 형의 두려움이 심장의 힘에 의해 받혀질 때 머리 형들은 심장의 두근거림으로 행동이 마비될 수 있다.

● 이들에게 주는 과제는 장 중심을 통합하여 강해지라는 것이다. 이들은 자신이 만들어낸 어두운 각본에서 온 두려움에 갇혀 행동할 수 없을 때 자신이 집착에 갇혀 있음을 알아차

려야 한다. 이들은 긍정과 희망만이 존재의 것임을 자각하고 자신이 쓰고 있는 어두운 각본으로부터 벗어나 자유로워질 수 있을 때, 자신이 처해진 상홍에 용기를 가지고 자연스럽게 임할 수 있으며 지혜를 통찰하게 된다.

● 이들이 장을 통합하여 강해 질 때는 믿음을 가질 때이다. 믿음을 가질 때 이들은 두려움에서 올 수 있는 비겁함과 소심함에서 벗어나 자신의 소명대로 올바른 선택을 하며 소신껏 행동하게 된다.

● 이들은 대체로 마른 체격에 편편한 가슴을 가지고 있으며 생각하는 눈빛과 건조해 보이는 피부조직을 가지고 있으나, 이들의 얼굴은 대체적으로 사려 깊고 온화하며 생각이 많은 부드러운 눈빛을 가지고 있다.

● 이들에게는 머리로 분석해 가는 묵상(예 : 이냐 시오 영성수련)이 좋으며, 묵상에서 점차적으로 명상으로 옮아갈 수 있다.

◎ 심장 형 – 느끼는 얼굴

- 이들은 힘의 중심이 심장에 있는 사람들로서 아름다움과 사랑을 추구하며 〈나는 느낀다, 고로 존재한다.〉라고 말할 수 있는 사람들이다. 이들은 기본적으로 자신이 만들어가는 이미지가 중요한 사람들이며, 사람들과의 관계 안에서 서로에게 버팀목이 되어 주며 일을 추진해 나간다. 이들은 〈사랑받아야 한다.〉라는 본능적인 욕구와 충동, 태도, 어휘, 사고방식 등을 가지고 있다.

도움

성취　　　　품위

나는 느낀다, 고로 존재한다. 사랑스럽고 따스함

- 이들은 느낌이 강한 감정적인 사람들로써 따뜻하고 사랑스러운 얼굴과 눈빛을 가지고 있다. 사랑, 성취, 품위의 기운을 타고난 감정적인 사람들이며, 사랑의 빛을 타고난 이들은 따스한 기운의 얼굴을, 성취의 빛을 타고난 이들은 똘똘하고 확실한 기운의 얼굴을, 품위의 빛을 타고난 이들은 우아하고 기품 있는 기운의 얼굴을 가지고 태어난다.

- 아름다움과 사랑을 추구하는 이들은 감정의 흐름에 따라 움직이며 사람과의 관계를 중요시 한다.

- 이들은 애욕이 많으며 관계 안에서 서로 버팀목이 되어 주는 관계의 리더들이다.

- 이들은 일반적으로 관계 중심 사람들로써 결정과정에서 인간을 매우 존중하며 사람 위주

로 일 처리를 한다. 이들의 에너지는 주로 타인을 향해 움직이며 권위와 이미지에 관심이 많다.

● 이들은 본질과의 연결이 막혀 있을 때 사랑이 부족하다고 느끼며 사람과의 관계 안에서 보상받고 사람과의 관계를 통해 일을 도모하려는 경향이 있다.

● 이들은 이기적인 자아가 가장 많이 작동하는 곳이 심장이기 때문에 사회적 상황에 던져질 때 마음속으로 저 사람은 나에게 우호적인가, 아니면 적대적인가? 또는 저 사람은 나를 좋아할까, 싫어할까? 라고 묻는다. 이들은 무시당할 때 힘들어지며, 사람의 관계에 집중되어 있으므로 직관적으로 분위기나 관계를 읽어낼 줄 안다.

● 이들은 자신의 진정한 가치를 모르는 채, 보여 지는 과장된 자아 이미지를 만들어내고 스스로를 그 이미지와 동일화하려고 한다.

● 이들의 자아충족을 위한 행동의 밑바탕에는 많은 수치심을 가지고 있다. 이들은 주관적인 감각의 세계에 살며 촉각이 발달했고 사람들을 향해 움직인다. 이들은 자기 확신이 강하고 쾌활하며 조화롭게 보이나, 자신은 공허감, 무력감, 슬픔, 수치심 등에 시달릴 수 있다. 도움의 기운으로 태어난 이들은 다른 사람들을 돌봄으로써, 성취의 기운으로 태어난 이들은 칭찬받을 수 있는 뭔가를 성취함으로써, 품위의 기운으로 태어난 이들은 자신의 상실과 상처를 극적으로 만들고 스스로를 희생자로 여기며 자신에게 특별한 의미를 부여함으로써, 자신의 수치심으로부터 벗어나고자 한다.

● 이들이 무시당하거나 인정받지 못하여 부정적인 감정에 시달릴 때 두 번째로 쓰게 되는 장 중심은 이들의 부정적인 감정에 불을 질러 자칫 위험한 폭력으로 치달을 수 있다.

● 이들에게 주는 과제는 머리중심을 통합하여 이성적으로 행동하라는 것이다. 그러므로 심

장 형들은 자신이 감정에 사로잡혀 일을 그르치고 있음을 통감하고 공동체 중심인 머리 중심을 통합해서 이성적으로 대처할 수 있을 때 하느님의 사랑 – 존재의 사랑으로 사랑할 수 있다.

● 이들이 머리 중심을 통합하여 진실로 사랑 할 수 있을 때는 더 이상 과장된 이미지에 매달리지 많으며 공동체와 자신이 함께 하는 방향으로 움직인다.

● 이들은 관계 안에서 기쁨을 발견하려는 듯 기대로 반짝이는 눈과 피부를 가졌으며, 부드러운 외모에 친근감을 나타내려는 표정과 다정함을 지니고 있고, 느낌이 있는 사랑스런 눈빛을 가졌다.

● 이들은 묵상과 명상을 겸할 수 있다.

◎ 장 형 – 판단하는 얼굴

● 이들은 힘의 중심이 장에 있는 사람들로서 선함과 정의로움, 공평함을 추구하며 〈나는 판단한다, 고로 존재한다.〉라고 말할 수 있는 사람들이다. 이들은 사회적 변화에 대한 본능적인 욕구로 선, 악을 빠르게 판단하며 자신의 힘으로 상황을 올곧게 변화시켜 보려는 쪽으로 움직이다. 이들은 〈세상이 공평하고 정의롭게 돌아가야 한다.〉라는 변화에 대한 욕구와, 충동, 태도, 어휘, 사고방식 등을 가지고 있다.

옳음

강함　　　　평화

나는 판단한다, 고로 존재한다. 진지하고 심각함

● 이들은 판단이 빠른 의지적인 사람들로서 심지 있어 보이는 단호한 얼굴과 진지하고, 판단이 앞서는 강한 눈빛을 가지고 있다. 본능 중심 사람들로써 몸통으로 몰입하게 되므로 현실의 한 부분이 되어 돌아가는 상황을 빠르게 판단한다. 이들은 다른 사람들에게도 자신에게도 언행일치를 원하며 소신껏 행동한다. 옳음의 빛을 타고난 이들은 올곧은 기운의 얼굴을, 강함의 빛을 타고난 이들은 든든한 기운의 얼굴을, 평화의 빛을 타고난 이들은 평화로운 기운의 얼굴을 가지고 태어난다.

● 선함과 사회적 정의를 추구하는 장형 사람들은 내장 중심의 사람들로서 본능과 습관, 경험에 따라 움직이는 사람들이며, 억압을 싫어하고 현실에 저항한다.

- 이들은 지배욕이 강하며 상황을 통제하고 싶어 한다. 본능적으로 판단하고 상황을 올곧게 되돌리려는 힘의 리더들이다.

- 이들은 일반적으로 상황 중심사람들이다. 이들은 상황의 요구에 따라 반응하며 담력이 있고 공정하고 객관적이며 원칙적이다. 이들의 가치는 사회적인 변화에 있기 때문에 교사 직에 있지 않아도 간혹 선생님이냐는 질문을 종종 받을 만큼 다른 사람을 가르치려 하고 통제하려는 유혹을 받는다.

- 힘과 정의에 관심을 가지는 이들은 본질과의 연결이 막혔을 때, 힘이 부족하다고 느끼며 당연히 해야 할 것들에 대한 책임과 의무를 중시한다. 이들은 스스로 안정되어 있으므로 기본적으로 인정받고 사랑 받기보다 사회적인 변화를 추구하게 된다.

- 이들은 이기적인 자아가 가장 많이 작동하는 곳이 장이기 때문에 힘과 정의에 관심이 있으며 자신의 경험만을 믿는 경향이 있다. 이들은 무게 중심이 하복부에 있으므로 안정되어 있고 진지해 보이며 육감이 발달 되어있고 본능적이다. 이들은 몸통으로 현실에 온전히 몰입하므로 현실의 일부가 되어 상황을 신속하게 파악할 수 있는 능력이 있다.

- 이들은 자기 확신을 가지고 있고 심지가 있으나, 잘못된 일에 대해서 지나치게 책임을 지려하고 자신을 과도하게 책망할 수 있다. 그럴 때 장형들은 세상과 단절되려는 유혹을 받는다. 이들에게는 일을 위해서 사람을 자기편으로 만들려는 노력보다 진실과 사실이 중요하다.

- 이들은 자아 충족을 위한 행동의 밑바탕에 분노가 깔려 있다. 강함의 기운을 타고난 이는 분노가 일어나는 대로 행동하고, 평화의 기운을 타고난 이는 분노를 잘 감지하지 못하며, 옳음의 기운을 타고난 이는 분노를 억압한다.

강함의 분노는 밖으로 향하여 있어서 분노가 일어나는 대로 행동하지만, 옳음의 분노는 안으로 향하여 있어서 자신의 본성을 억압하기 위해 많은 에너지를 쓴다. 평화는 안과 밖의 균형을 유지하려 하려고 많은 에너지를 쓰기 때문에 자주 피로를 느낀다.

● 이들이 두 번째로 쓰고 있는 중심은 머리중심이다. 이들이 머리중심을 적절하게 쓸 때는 이들의 정확한 현실파악에 따른 행동에 합리성을 부여한다. 그러나 머리를 지나치게 쓸 때는 이들이 육감과 본능으로 파악한 정확한 정황을 머리로 왜곡시킬 수 있고 판단이 흐려질 수 있다. 그러므로 장형들은 아주 치밀하고 합리적으로 〈눈에는 눈, 이에는 이〉라는 방식으로 무자비해 질 수 있다.

● 이들에게 주는 과제는 심장중심을 통합해서 연민을 가지고 자신도 타인도 이해하고 수용해야 한다는 것이다.

● 이들이 세상의 변화를 위해서 진실로 일할 수 있을 때는 집착에서 벗어나 타인도 자신도 존재 자체로 받아드리고 사회적 변화를 위해 그리고 자신과 공동체의 성장을 위해 누구보다 정의롭고 힘 있게 기여할 수 있는 투사가 될 수 있을 것이다.

● 이들의 얼굴은 진지하고 심각할 수 있으며 대체로 건강하며, 눈빛이 강하다. 옳음의 기운을 타고난 이는 장형 중에서도 가장 신중하며 머리를 많이 쓰므로 자칫 머리 형의 눈빛처럼 보일 수 있으나 머리 형 눈빛 보다 좀 더 힘이 있다. 이들은 기본적으로 차분하고 부드러운 인상이나, 심지가 있어 보인다.

● 이들은 완전 몰입된 명상이 가능하다.(예; 참선 수행)

▶ 삶이라는 의자와 힘의 중심

• 세 힘의 중심이 골고루 힘을 쓸 수 있어야 넘어지지 않을 수 있다.

삶이라는 의자에서 인생이라는 선물을 넘어뜨려 망가지게 하지 않고 잘 가져가려는 사람은 균형 있는 힘의 중심을 가지고 살아가야 한다. 머리 중심 사람들은 세 번째 쓰는 장을 통합하여 용기를 가지고 비겁한 전략 대신 소신껏 행동해야 하며, 심장 중심 사람들은 머리를 통합하여 지혜가 없는 무분별한 애착과 사랑이라는 이름의 무자비한 폭력을 버리고 진정한 사랑을 선택해야 하며, 장형 사람들은 심장을 통합하여 사랑 없는 정의를 버려야 한다.

5) 각 마음이 만들어 내는 행동 방식

각 마음은 각 마음의 발현에 합당한 에너지 체계인 행동방식을 가지고 태어난다. 확산 형은 자신을 주장하고 일을 주도하는 수완가들이며 자신의 힘으로 일을 성사시키는 에너지를 가지고 있다. 더불어 형은 확산하기도 하고 응축하기도 하면서 타인과 더불어 움직이며, 규칙, 지시를 지키며 책임감이 강하고 희생적이며, 사랑하는 사람, 혹은 단체가 잘 되어 나가는 것이 자신의 행복과 귀결되는 형이다. 응축 형들은 에너지를 안으로 응축시켜 모았다가 때가 되어 확산하는 형이며 갈등상황이나, 복잡한 일에 휘말리지 않으려고 물러서는 형이나, 일을 초연하게 성사시키며 가장 독립적인 형이다.

- 머리 확산 형은 기쁨을 추구하고, 심장 확산 형은 성취를 추구하며, 장 확산 형은 강함을 추구한다.
- 머리 더불어 형은 충실을 지향하고, 심장 더불어 형은 도움이 되고자 하며, 장 더불어 형은 옳음을 추구한다.
- 머리 응축 형은 지혜를 추구하고, 심장 응축 형은 품위를 추구하며, 장 응축 형은 평화를 추구한다.

각 행동방식은 그 사람이 가지고 태어나는 소명을 세상에서 다하기 위해 고착된 것들이나, 적절하게 쓰지 못하고 과하게 쓰게 될 때 오히려 부정적이 된다. 그때 그때 상황에 따라 자신의 타고난 성향을 초월하여 움직일 수 있을 때 비로소 세상과 자신을 위해 기여할 수 있다.

평화 : 장, 응축

강함 : 장, 확산

기쁨 : 머리, 확산

충실 : 머리, 더블어

지혜 : 머리, 응축

옮음 : 장, 더블어

사랑 : 심장, 더블어

성취 : 심장, 확산

품위 : 심장, 응축

9.평화

8.강함

7.기쁨

6.충실

5.지혜

4.품위

3.성취

2.사랑

1.옮음

평화

강함

옮음

기쁨

사랑

충실

성취

지혜

품위

◎ 확산 형

● 이들은 매사를 자신이 결정하고 세상을 움직여 나가는 사람들이다. 이들은 자신이 해야 할 일들을 알고 있으며 비전과 함께 수행할 능력과 힘을 가지고 있다. 이들은 필요하다면 친분, 권위 등을 이용하지만 자신이 추구하는 것들의 성과를 위해 그렇게 할 뿐, 친분관계나, 권위를 이용한다는 인식 없이 자연스럽게 행한다.

강함
성취 기쁨
자신을 주장한다. 일을 주도한다. 수완가

이들이 도움을 청할 때 이들은 도움을 거부할 수 없는 매력과 능력을 가지고 있을 수 있다. 이들은 자신의 일에 있어서 매우 경쟁적일 수 있으며 일 중심적이고 사람을 조직하고 목표를 향해 힘 있게 추진할 수 있다. 이들은 지도력이 있으며 다른 사람들에게 많은 영향력을 행사한다.

◎ 더불어 형

● 이들은 자신의 내면화된 규칙, 원칙, 지시에 충실 하려고 노력한다. 다른 사람의 기대를 채워주고 책임을 다하기를 원하며 사랑하는 사람들이나 공동체의 안전을 위해서 자신의 선택을 포기할 수 있다. 이들에게는 공동체의 안녕과 행복이 중요하며 자신들보다 공동체를 위해 움직이는 경향이 있다.

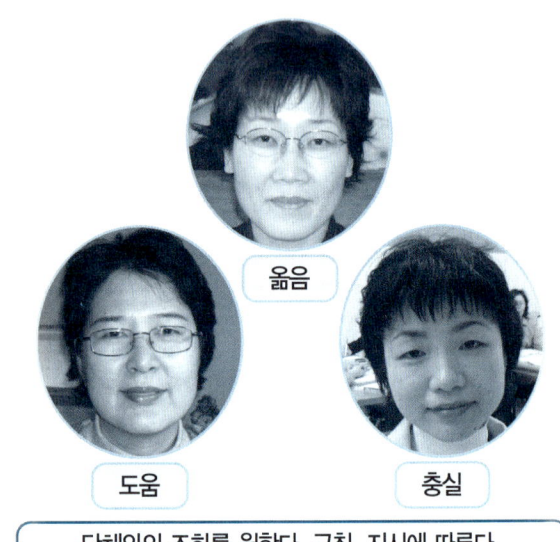

옳음

도움　　　　　　충실

단체와의 조화를 원한다. 규칙, 지시에 따른다.

이들은 일이나 목표 중심이 아니며 평소에 그룹이나 공동체 혹은 사랑하는 사람들과 함께 할 수 있을 때 더욱 편안해 진다. 이들은 타인들과 잘 지내며 공동체에 문제가 없기를 바란다. 이들은 때로 공동체나 사랑하는 사람들의 요구가 확실하지 않을 때 우유부단해 지며 자신감이 없어 보일 수 있다. 그러나 내면에서 공동체나 사랑하는 이들에게 어떠한 것이 적절한 것이기를 알기 위해 숙고하느라고, 혹은 정확하게 알게 되기까지 망설이기 때문에 그렇게 보일 수 있다. 이들이 신념을 가질 때는 망설임 없이 공동체나 사랑하는 이들을 위해 과감하게 행동할 수 있을 것이다.

◎ 응축 형

● 이들에게는 세상에서 물러나 쉴 수 있는 내면의 장소가 필요하다. 이들은 상상력이 풍부하나, 자신의 상상 혹은 생각을 행동에 옮기기가 어렵다. 그룹 안에 있을 수 있으나 독립적이며 그들만의 침묵 안으로 들어가 있을 수 있다. 이들은 자신의 의견을 분명히 밝히고 그룹에 영향력을 끼칠 수는 있으나 잘 나서지 않는다.

독립적이며 초연하다. 물러섬

이들은 특별히 큰 욕구를 가지고 있지 않으나 이들 만의 목표가 있을 수 있으며 자신만의 목표를 위해서 상당히 느리고 초연하게 꾸준히 추구하는 경향이 있다. 이들은 혼자만의 편안한 사생활을 즐길 수 있다. 이들은 세상의 일에 초연해 질 수 있으며, 세상을 방관자로써 바라본다. 확산이나 더불어 형에 비해 활동적이지 않으며 조용해 보인다.

6) 본질에 닿을 때 우리는 모든 유형의 장점을 골고루 쓴다

본질과 가까워질수록

각 유형의 동기로 움직이나, 모든 유형의 장점을 적절히 쓴다.

우리의 의식이 깨어나 본질과 가까워질 때는 내 힘을 쓰지 않고 스스로 작용하고 있는 말씀, 하늘의 기운이 나를 움직이도록 의탁할 때이다. 그럴 때 나는 아무것도 하지 않는 것이 아니고, 하느님의 손과 발이 되어 모든 일을 진심으로 하고 있을 때이다. 그럴 때 나는 가장 적절한 생각과 말과 행위로 이웃에게 다가갈 수 있으며 모든 일이 하느님의 생명력에 의해 이루어지는 때이다.

힘의 중심으로 차별, 대립의 마음을 가지고 세상과 마주한다는 것은 나와 이웃의 육체적, 심리적 생명을 함께 망가뜨리는 것이다. 그러므로 쓰지 않아야겠다고 의지를 가져야 한다.

그러나 우리가 본질과 만나 존재의 생명력, 하느님의 생명력이 나를 움직이도록 의탁할 때는 나의 의지 조차 없이 하늘의 기운, 하느님에 의해 자연스럽게 이루어지는 때이다. 그러므로 내가 하느님께 의탁할 수 있도록 나의 얼굴로서 나와 함께 계시는 임마누엘 하느님을 믿는 일부터 시작하자.

"부모가 너를 버릴지라도 나는 너를 버리지 않는다. 너는 나의 눈동자에 새겨져 있다."라는 말씀의 의미를 새겨보자. 우리는 하느님의 눈동자에 서린 하느님의 눈빛들이다. 나와 이웃의 눈빛에 서린 하느님의 눈빛을, 우리와 함께 실재하시는 하느님을 몸소 체험하는 것으로부터 시작해 보자.

임마누엘 하느님께서는 우리가 당신 이름을 부를 때 – 너희와 함께 있는 하느님, 임마누엘 하느님이라고 불리길 원하신다. 성서에 "두려워하지 말라." 라는 말씀이 365번 쓰여 있다고 한다. 하느님은 365일, 매일 매일 "두려워하지 말라. 나는 네 하느님이다."라고 말씀하신다. 두려울 때, 수치심을 느낄 때, 화가 날 때, 거울을 보자. 그리고 나의 두려움을, 수치심을, 화를 말씀 드리자. 세상이 모두 이해해 주지 않는다 하더라도 그분만은 알아듣고 이해해 주신다.

하느님 사랑에 대한 자각은 나로 하여금 하느님에게 의탁할 수 있도록 도와준다. 하느님 사랑에 대한 자각과 함께 하느님께 온전히 의탁할 수 있는 은총을 구하자. 그럴 때 나는 아무 의지를 갖지 않는다고 해도 자연스럽게 통합의 방향을 걷게 된다.

머리중심은 세 번째로 쓰는 장을 적절히 쓰게 되어 용기를 가지고 소신껏 행동할 것이고, 심장중심은 세 번째로 쓰는 머리를 통합하여 이성적으로 행동할 것이고, 장 중심은 세 번째로 쓰는 심장을 통합하여 연민을 가지고 임할 것이다.

그럴 수 있을 때 우리는 모든 유형을 통합하게 된다. 나의 생각과 말과 행동의 동기는 나에게 주어진 말씀의 가치, 나에게 주어진 소명에 의한 동기이나, 그 가치를 이루기 위해서 모든 유형의 장점을 골고루 쓰게 된다.

그럴 때 나의 생각과 말과 행위는 내가 하는 것이 아니고 하느님의 사랑과 생명이 주는 창조적인 힘에 의해 본질에 닿아 모든 이들에게 공감과 공명을 줄 수 있다.

절대 의식화, 말씀화, 그리스도화는 융이 말하는 무의식의 의식화로 인한 개성화와 마찬가지로 통합의 과정을 이루어내기 위해 말씀이신 그리스도를 닮아가는 길이다. 하느님의 생명 안에서 서로 유기적으로 긴밀히 연결되어 있는 우리들 생명은 엄밀하게 관계 안에 존재한다. 통합의 과정을 이루어낸 인격은 하느님의 생명 안에 속해 있는 하나의 지체로서 전체를 보살피는 의식으로 거듭난 인격이다.

7) 본 모습 찾기 워크샵

하느님으로부터 나에게 주어진 소명을 찾기 위해서 가장 먼저 살펴야 하는 것은 우리들 얼굴 안에 심으신 말씀, 하느님으로부터 비추어오는 나의 얼굴빛, 기운이다. 먼저 우리들 얼굴빛과 기운에 대한 명확한 이해부터 시작하자.

나의 얼굴에 심어주신 말씀을 찾기 위해 체크리스트로부터 시작하는 것은 자칫 혼란을 불러올 수 있다. 객관적인 지식이 아닌 성격 분석을 위한 체크리스트일 때 체크할 순간의 심리적 상태에 따라 달라질 수 있고, 체크할 항목의 문장을 자신의 것으로 내면화 시켜서 읽게 되므로 문장의 참 의미를 왜곡시켜 잘못 체크할 수도 있기 때문이다.

유형 설명을 들을 때도 마찬가지이다. 예를 들면 빵의 주재료인 밀가루, 물, 계란, 베이킹파우다 등은 모든 빵의 재료로도 같이 쓰이지만 빵의 종류에 따라 농도와 맛이 다르다. 그렇듯이 유형설명으로 같은 어휘를 사용했다고 하더라도 유형에 따라 다른 맛, 다른 농도와 맛으로 적용되어야 한다. 그러나 유형 설명을 읽거나 들을 때 자신의 것으로 내면화시켜 듣기 때문에 모든 유형이 자신을 설명하고 있는 것처럼 들릴 수 있기 때문이다.

따라서 책자를 먼저 읽고 본 모습 찾기 워크샵에 임했다면 읽었던 내용을 모두 잊고 새롭게 워크샵에 임하는 것이 좋다. 유형설명에 따라 자신의 삶을 대입시키는 것 보다 단순하고 정직하게 자신의 내면을 들여다보고 자신에 대한 명료화 작업부터 시작해야 하기 때문이다.

워크샵 진행자는 유형설명을 한다거나 체크리스트를 써서 참가자들의 시선을 외부로 돌리게 하는 일 없이 참가자들의 머릿속에 실타래처럼 엉켜있는 많은 것들을 털어내고 투명하게 비울 수 있도록 도와야 한다. 많은 것들을 털어내고 비운 다음 과거 돌아보기 등 자신에 대한 명료화 과정을 통해 자신이 잘 의식할 수 없었던 내면이 선명하게 의식선상에 떠오를 수 있도록 하여 참가자들로 하여금 단순하고 정직하게 자신의 자료로써만 자신을 찾아갈 수 있도록 도와야 한다.

또한 참가자 자신들이 명료화 과정을 거치면서 드러나는 기운이 참가자들 스스로를 설명할 수 있도록 여러 가지 방법으로 도와야 한다. 그렇게 될 때 참가자는 〈아하 내가 이랬었구나〉하는 통찰과 확신을 가지게 된다. 진행자 역시 참가자들이 머리로 분석하여 설명하고 있는 각본인 언어자체에 매이지 말고 참가자들에게서 발현되는 기운에 집중하여야 한다.

구르지예프는 춤을 통해서 자신을 들여다보게 했다고 한다. 우리들 신체로부터 자연스럽게 흘러나오는 춤사위야말로 우리들의 타고난 기운을 가장 정확하고 솔직하게 표현하고 있기 때문이다. 유형을 찾고 난 뒤에야 참가자들은 스스로의 내면여행으로 명료화된 자신의 이야기를 교재에 쓰인 설명으로 읽게 된다. 그럴 때 참가자들은 유형설명을 먼저 듣거나, 체크 리스트로 찾아갔을 때와는 다른 확신과 역동을 체험하게 된다.

그리고 일생을 통해 자신을 실현시키고자 했던 재능과 집착을 들여다보는 내면여행을 통해서 세상의 어떤 속된 것이라 할지라도 그것을 통해 하느님께 나아가는 것이 우리들의 과제임을 알게 된다. 그런 의미에서 에니어그램은 고대 중동지방의 수도자들에 의해 인간의 내면을 비추어 주는 거울로서 영적 성장과 상담에 사용되어왔다.

본 모습 찾기에서 우리는 우리의 얼굴과 재능은 하느님의 사랑과 생명으로부터 온 선물이며 우리들의 소명임을 알게 된다. 그리고 우리의 얼굴들은 다른 얼굴들과 조화롭게 이어질 때 하느님의 완벽한 얼굴을 만들 수가 있고 그렇게 될 때 우리의 재능은 그 기능을 제대로 발휘할 수 있으며 그렇게 될 때 우리는 우리의 소명을 살 수가 있음을 자각하게 되지만 힘의 중심을 가지고 있는 우리의 재능은 그 제한된 신체 안에서 집착으로 쓰게 되는 자동반응을 가지고 있음도 자각하게 된다.

2. 각 마음이 만들어 낸 얼굴들

얼굴, 특징, 성격, 극복 방안, 어울리는 일, 질병

2. 각 마음이 만들어 낸 얼굴들
− 얼굴, 특징, 성격, 극복 방안, 어울리는 일, 질병 −

 1) 옳음

얼굴

특징

기운	올곧은 기운
가치	공평함
욕구	정의로운 사회 변화
얼굴, 눈빛	밋밋함, 날카로움
태도	확고부동, 예의 바름
힘의 중심	장 형
행동 방식	더불어 형

유형설명

그의 생명력은 옳음에 있다. 그는 완벽주의자다. 그는 신중하며 모든 상황이 반듯하게 돌아간다고 판단 될 때 생명력을 되찾는다. 그는 편애를 잘 감지하며 공평함과 정의로움에 대한 가치 때문에 사심으로 이익을 잘 챙기지 않는다. 그는 근면, 성실하며 열심히 노력하는 사람이고 자신의 틀 안에서 확고하게 서 있는 사람이다. 그는 사회의 규범, 법, 생활관습 등에 반하는 행동을 잘 하지 않는다. 그는 항상 올바르고 정확해야 하므로 일에 있어서 철두철미하며 어릴 때부터 착실하고 반듯한 모범생이었다. 그는 보수적인 사람으로서 종종 바른 생활 교과서라는 말을 들었다.

그는 특히 부모님의 기대를 충족시키기 위해 인내하며 착하고 모범적인 것들, 해야 할 일들을 해왔다. 그는 도덕적 우월감이 있을 수 있으며 자기억제와 완벽한 도덕주의자로서 선에 대해서도 보통 이상의 엄격한 기준을 가지고 있다.

그는 마음으로부터 자신을 변호하려는 의지는 없어 보인다. 그는 늘 그의 마음 한가운데로부터 엄격한 검사의 목소리를 듣는다. 세상이 다 괜찮다고 하더라도 그가 스스로 만든 내면의 법은 〈그건 아니야〉 라고 말한다. 그는 자신이 만들어 낸 내면의 법에 의해 행동하며 스스로를 평가한다. 그리고 사회적인 통념보다 더 엄격한 틀 안에서 법에 의해 제제 받거나 자신의 삶이 터치 당하는 일이 없도록 한다. 노는 것조차 일처럼 하는 그는 일중독자일 수 있다.

그는 무척 단순하고 겸손해 보인다. 이루어 놓은 많은 일들에도 불구하고 그는 자신의 업적에 상관없이 겸손해 보인다. 그는 그의 이상주의로 인해 자신은 늘 기준에 미치지 못한다고 생각한다. 정직하고 공정하며 진실한 그는 다른 사람들이 그렇지 못할 때 재빨리 알아채지만 신중한 그는 불필요하게 자신의 소리를 내거나 두드러지게 행동 하지는 않는다.

그는 지나치게 신중하기 때문에 자신의 속내를 잘 드러내지 않는다. 그런 이유로 사람들은 그가 무엇을 생각하고 있는지 잘 모를 수 있다. 그는 예의가 바르다. 그는 다른 사람들의 잘못을 지적할 때 조차 신중하게 예의를 갖출 것이다.

그를 지탱하고 있는 삶의 기준과 틀은 오랜 숙고를 통해 만들어진다. 그는 스스로 고찰하고 반성하며 그 틀을 완성시켜 나간다. 그러므로 그의 틀은 고무로 만들어진 유동적인 틀이 아닌 강철로 만들어진 것처럼 단단하다. 그는 자신의 기준이 만들어 낸 틀이 사회적으로 통용되는 법 보다 훨씬 더 깨끗하고 엄격한 틀이라고 자부한다. 그러면서도 그는 늘 반성하면서 자신의 틀을 다시 체크하고 바꿔야 할 부분들을 바꾸어 나간다. 그래서 그의 법은 바위에 새겨져 있는 것만큼 견고 한다. 종종 자신 안에서 잘못을 지적하고 있는 내면의 소리를 듣는 그는 그의 틀 안에서 매우 반성적이다.

그는 완벽이라는 그의 이상에 맞는 상황에 직면할 때 행복해 진다. 그는 자신의 삶과 사람들이 당연히 해야 할 것들을 하고 있고, 모든 것들이 당연히 있어야 할 자리에 질서정연하게 놓여 있을 때 행복해 지나 그렇지 못할 때 실망하고 좌절한다.

그의 굳은 확신만큼이나 그는 틀을 벗어난 행동을 하는 사람들, 불완전하게 끝맺는 일 혹은 자신의 가치와는 다른 사상이나 행동들을 받아들이기 힘들어한다. 그에게는 다른 의견을 받아들이는 것이 자신의 틀을 수정하는 시간만큼이나 오래 걸린다. 그렇기 때문에 그는 종종 보수적인 사람으로 불리기도 한다.

그에게는 책임과 의무가 주요 관심사이며, 다른 사람들도 그렇게 하기를 원한다. 그는 가족과 공동체의 완벽한 보호자일 수 있으며, 맏이가 아니더라도 형제 중에 가장 맏형처럼 가족 공동체를 돌 볼 수 있다. 그는 모든 일에 있어서 자신이 감당해야만 완벽하게 진행 되리라고 믿는다.

그는 본능적으로 사람 관계 혹은 일의 본질을 알아챌 수 있고 특별히 편애를 알아채지만 표현 하거나 길게 설명하지는 않을 것이다. 그는·항상 자신의 판단이 옳다고 여길 것이다. 그는 겸손하고 조용하게 보일지라도 자신의 높은 도덕적 기준으로 다른 사람들의 행동이나 사고를 의심하며 폄하할 수 있다. 그는 그의 의견을 완고하게 지키고 있으므로 변화를 싫어하며 새로운 것의 습득이 어려울 수 있다.

그는 모든 것이 질서 정연하고 제 자리에 있을 때 만족하지만, 일이 올바르게 진행 되고 있지 않을 때 날카롭게 긴장되어 있다. 그는 되어야 할 일들이 계속해서 되지 않고 있을 때 억제할 만큼 억제 하다가 한꺼번에 몰아서 엄청나게 화를 낼 수 있다. 그럴 때 사람들은 그가 그만큼 화를 내지 않아도 될 일에 심하게 화를 내고 있다고 느낀다.

그러나 그는 대체적으로 화를 억제할 것이다. 화는 완벽을 추구하는 그의 이상에 맞지 않기 때문이다. 화를 냈을 때 그의 우울은 더욱 심해진다. 화를 참지 못하고 터뜨렸다는 것은 그의 이상인 완벽을 깨는 것이어서 그는 신중하지 못하고 완벽을 깬 자신에 대해서 다시 화가 나고 우울해 진다.

그런 이유로 그의 얼굴은 늘 화가 나 있는 것처럼 보인다. 그는 화 자체에 대해서 스트레스를 받는 것 같다. 그는 마땅히 이루어져야 할 일들이 반듯하게 이루어지지 않는데 대한 공적인 화를 가지고 있으므로 사회의 개혁을 바라는 개혁가일 수 있다. 그는 교육이나 법조인일 수 있으며, 혹은 자연의 법칙에 따라 정확하게 거두어들이는 농사꾼일 수 있다. 그는 자신이 규율을 지킴으로써 다른 사람을 교육시키고자 한다.

그는 일에 있어서 공정하고 객관적으로 처리한다. 같은 조건을 가지고 있는 모든 이에게 같은 기회를 주며 판단에 있어서도 치우치지 않는다. 그는 개인적 친분으로 일이 처리 되어 단체에게 피해를 주는 결과를 가져오는 일은 결코 하지 않는다. 그런 이유로 그는 일 중심일 수 있으며 사람관계에서 어려움을 겪을 수 있다.

그는 자신의 원칙을 다른 사람에게도 지키기를 원하며 조심스럽고 신중하게 요구한다. 그는 아무도 잘못을 지적하지 못하는 어려운 상황에서도 조심스럽게 잘못된 것을 지적할 것이다. 그래서 주위 사람들은 그가 보는 앞에서 자신이 올바르지 못하다는 느낌을 가지게 되고 부담스러워 진다.

그런 이유들로 사람들은 그와 가까이 있고 싶어 하지 않을 수 있다. 그러나 그는 그가 관심을 가지고 있는 사람들에게 잘못을 지적해 주는 것으로써 자신의 애정을 표현한다. 그는 가끔 너무나 세세한 것까지 파고들어 신중하게 처리하려는 경향으로 큰 틀을 보지 못하고 놓칠 수 있다.

그는 미리미리 준비하는 사람이며 모든 게 완벽하게 돌아가도록 특히 안전 재고에 유의한다. 그는 그 때 그때 있었던 일들을 메모 한다. 그의 서류철들은 거의 완벽하게 정리되어 있을 것이다. 그는 완벽에 도달하려는 노력을 통해 보상 받으려 하기 때문에 인생의 잡다한 일에 눈을 돌리거나 인생을 즐기기가 어렵다. 그는 규칙적이고 의무와 책임에 충실하기는 하나 색깔 없는 밋밋한 삶을 사는 것 같다.

  그는 마치 사냥꾼이 목표물에 눈을 떼지 않고 쫓아가듯 본능적으로 그것이 무엇인지 곰곰이 생각한다. 그는 최악의 상황에서도 살아갈 방법과 자신의 새로운 틀을 만든다. 그가 꼭 해야만 할 일이 있다면 다른 이들처럼 주변의 눈 때문에 못하는 일은 없을 것이다.

  그는 성실하므로 종종 다른 사람들 보다 더 많은 일을 맡게 되는데, 다른 사람에게 도움을 청하지도 못한 채 혼자서 밤낮으로 일을 한다. 그 결과 심신이 지칠 수 있다. 그는 자신의 일을 후회하며 비판적이 되어 우울함에 빠져들 수 있다. 정직하고 단순하게 내부의 지침에 따라 완벽하게 의무와 책임을 다하고 있는 그는 자신을 제외한 다른 이들이 제멋대로 사는 것들을 보면 우울해지고 화가 난다.
  그의 얼굴은 다른 이들의 멋대로인 삶에 화가 나 곧 뭔가 터질 것 같은 긴장감으로 팽배해 있지만, 자신은 화가 난 것을 강하게 억압하고 부정한다. 그의 문제는 지나치게 완벽을 추구한다는 것과 자신의 가치에 따라 세상을 변화 시키고자 하지만, 자신만 일 벌레가 되어 모든 걸 감당하고 있다는 것을 경험하게 되는 것이다.

  그는 자신 안에서 끓어오르는 화를 더 이상 억제하지 못하고 폭발시킬 수 있으며 극심한 우울함에 빠져 들게 되고 부작용을 경험하게 되기도 한다. 의기소침해질 수 있는 그는 表現되지 못한 화와 좌절들로 힘들어 질 수 있다. 그럴 때 그는 그토록 노력했던 자신에 대해 반성하며 의심하기 시작한다.

그는 아무도 자신만큼 완벽하게 시간을 지키고, 완벽하게 의무와 책임을 다하며, 아무도 자신만큼 절제할 수는 없다는 것을 모를 수 있다. 그의 말투는 간결하며 용건만 간단히 뚝뚝하게 말한다. 그는 다른 이들도 자신들처럼 완벽하고 정직하고 도덕적이며 공정해야 한다고 믿음으로써 간혹 설교조로 이야기 할 수 있는데 그럴 때 그의 표현에 실린 부정적인 힘은 주위 사람들을 긴장시키고, 그로부터 멀어지게 할 뿐이다.

그는 세상이 완벽해야 한다고 믿고 세상을 그렇게 바꾸어 보려고 노력하지만 다른 이들이 그에게 느끼는 것은 터무니없이 진지하고, 완벽을 추구한다는 것이다. 그의 통합 방향은 그가 가진 견고한 틀로부터 기인한 우울함에서 벗어나 자유로워지며 자유로움 속에서 천상적인 기쁨을 노래할 수 있는 기쁨이다.

극복 방안

그에게 주는 교훈은 도덕적인 완벽함이 아니라 자신과 모두의 실수를 인정하고 언제라도 하느님께 다가서기를 바라는 사랑의 완성이며 사랑 안에서 누리는 자유로움이다. 그는 나무를 보느라 숲을 놓칠 수가 있다. 그는 모든 장형이 그렇듯이 한 번 마음에서 지우면 그것으로 끝을 내는 습성이 있다. 그러나 신중하므로 겉으로 드러나지는 않을 것이다. 그는 고치라고 요구하지 않는 조건 없는 사랑 안에서 사랑의 완전함이라는 의미를 배워야 한다.

하느님은 의무와 책임을 다하면서 과도한 일속에 파묻혀 화를 참으며 자신을 학대하고 있는 그에게도, 나무그늘에 앉아 삼라만상 안에 깃들인 하느님의 작품을 노래하는 베짱이에게도 똑같은 햇빛을 비추어 준다는 것을 그는 깨달아야 한다.

그가 친숙한 사이라고 여길 때는 잘 못 된 일 앞에서 심하게 짜증을 내는 잔소리꾼일 수 있다. 우리 모두는 불완전하기에 실수와 불완전함을 포용할 수 있어야 한다. 그는 화를 참지만 그의 화를 우울과 슬픔이 되어 그의 폐를 다치게 할 수도 있다.

죄인들과 '타락한 사람들'을 비난하기보다 그들에게 조건 없는 사랑을 체험하게 함으로써 구원으로 이끌어 주는 것, 그리고 진리와 정의를 가르치되 용서와 인내심을 가지고 조건 없는 하느님의 사랑을 그대로 반사시킴으로써 자신을 포함한 모두가 자유롭게 하느님의 완벽한 사랑에 도달하도록 지켜 주는 것이 옳음의 빛과 연결된 이들을 포함한 우리 모두의 과제일 것이다.

내면이 강한 그는 결국 세상을 변화시키려 했던 자신과 그렇게 되지 않는 세상을 용서하고 우울에서 빠져 나올 수 있을 것이다. 그의 과제는 자신이 만들어 놓은 틀을 점검하는 것이며 자신의 완벽과 하느님의 완벽은 다르다는 것을 경험하는 것이다. 그가 진정 완벽에서 놓여날 수 있을 때, 하느님의 완벽을 살 수 있게 된다.

그가 자신이 만들어 낸 견고한 틀에서 벗어나 자유롭고 부드러워질 때, 그는 누구보다도 원칙적이고 객관적이며, 정직하고 인내심이 많고 공정하며 친절한 하느님의 완벽한 사랑으로 사는 사람이며 사회의 안녕과 복지를 위해 헌신하는 올곧은 지도자일 것이다.

어울리는 일

일 벌레라고 불리는 그에게는 일을 완벽하고 꼼꼼하게 처리해야 할 회계사, 기계수리, 조직 관리, 의사, 검사, 판사 등이 어울린다. 사람 관계 안에서 끊고 맺음이 분명하므로 관계 안에서 이루어져야 할 일은 어울리지 않는다.

질병(공해 등 특수한 환경의 요인에 의한 질병은 예외로 한다.)

그가 겪는 우울과 좌절은 종종 그의 폐를 다치게 한다. 그는 기관지가 좋지 않을 수 있고 장 형 중에서 가장 신중한 형이어서 머리를 많이 쓰므로 위가 나빠질 수도 있다.

2) 사랑

얼굴		특징	

기운	따뜻한 기운
가치	사랑
욕구	인정, 사랑 받음
얼굴, 눈빛	부드러움, 따뜻함
태도	편안함, 따뜻함
힘의 중심	심장 형
행동 방식	더불어 형

유형설명

그의 생명력은 자신이 누군가를 도와 줄 수 있는 유용한 사람이라고 느낄 때 되살아난다. 그는 사랑하는 사람과 더불어 나눌 수 있을 때 행복해 지며 살아있음, 생명의 사랑, 기쁨, 평화를 느낀다. 그는 자신의 재능을 타인을 위해 사용하며 특히 환자나 어린아이 노약자들을 돌볼 수 있는 동정심을 가지고 있다. 그는 누구보다도 솔직하며 정다워 보인다. 그는 언제나 다가갈 수 있는 편안하고 행복한 얼굴을 하고 있으며 자신이 가진 것을 나눌 수 있는 특별한 사람이며 자신의 마지막 남은 옷까지 사랑하는 사람을 위해서 줄 수 있는 사람인 것 같다. 그는 고통, 갈등을 겪어야 하는 이웃들을 지지해주며 타인들에게 위안과 위로를 준다.

그는 특히 도움을 필요로 하는 사람들을 잘 알아보며 어떻게 도와야 하는가를 아는 재능이 있다. 그는 친절하고 사교적이고 아주 따뜻한 위안과 위로를 줄 수 있는 사람이다. 그는 많은 친구들을 가지고 있으며 다른 사람들의 요구에 응하며 친구들의 청을 거절하지 않는 사랑스런 사람이다. 그는 사랑이 많고 너그럽고 관대하며 용서하는 사람이고 조정하는 사람이다. 그는 타인을 이해하고, 충고하고, 위안을 주는 어떤 일도 포기하려 하지 않을 것이다. 사람들은 그의 따뜻함에 고무되고 그럴 때 그의 얼굴은 빛난다.

관계지향적인 그는 사랑하는 사람들에게 대단한 애착을 가지고 있으며 자신의 필요보다 사랑하는 사람들의 필요에 더 신경을 쓸 것이다. 사람들에 대한 배려가 깊은 그는 모든 사람들과 함께 다 잘 지내고 싶은 바람이 있기 때문에 단체 안에 있을 수 있는 알력이나 부조화를 견디기 힘들어한다. 그렇기 때문에 누구와의 송사 건에 휘말려 누구의 편을 들어 주어야 할 때 그는 우유부단해 지며 그의 우유부단함과 정확하지 못한 처신은 어느 쪽에서도 그를 신뢰할 수 없도록 만든다.

사랑이 많은 그는 다른 사람 안에서 선하고 좋은 것을 보는 재능이 있으며 타인에게 용기를 주고 지지해 줄 수 있다. 단순하고 착한 그는 다른 사람이 말을 할 때 주의를 집중해 주며 타인에게 봉사할 준비가 되어 있다는 느낌을 준다.

무언가를 결정해야 할 때, 가령 친구와 혹은 가족과 외식을 할 때조차 그는 자신이 무얼 먹을까를 결정하기보다 친구가 혹은 가족이 무얼 먹을지를 결정하는 대로 따른다.

그에게는 특히 "나는 당신이 필요해"라는 말이 필요하다. 그는 마음을 다하여 쓸모 있는 사람이 되고자 노력한다. 그는 도움이 필요한 이들을 쉽게 알아보며, 어떻게 도와야 하는지를 알고 있다. 그는 관계와 사랑에 관해 이야기한다. 그는 아무 에너지가 남아 있지 않는다 하더라도 누군가가 자신이 필요하다는 것은 그에게 다시 삶의 의욕을 갖게 하는 것이어서 생기를 되찾으며 도와주겠다고 쉽게 약속한다. 그는 정답게 껴안고 애무하기를 좋아하며 좋은 말로 타인들을 지지해 주고, 확신을 줄 수 있다. 그는 온 마음으로 사랑할 수 있고 사랑하는 사람들을 위해 살 수 있기를 바란다.

명상센터를 운영하고 있는 명상가인 규보님은 명상을 지도할 때 마음을 가라앉히게 하고 난 뒤, 눈을 감고 자신이 무얼 원하고 있는가를 보라고 한다. 그리고 그 원의가 채워졌다고 가정하고 나면 또 다른 원의가 남아 있는가를 보라고 한다. 그리고 다시 그 원의가 채워졌다고 가정하고 난 뒤, 또 다른 원의가 떠오르는가 보고……. 이런 식으로 우리의 근원적인 원의가 무엇인가를 알아보게 한다. 저는 그대로 따라가며 명상에 빠져들고 있었는데……. 그에게서 놀라운 말을 들었습니다. 그는 이렇게 말했다. "보세요. 마지막 남은 원의, 우리의 근원적인 원의는 누군가를 도우면서 살아가고 싶다."라는 것이다.

사랑의 빛을 타고난 그에게 있어서 〈타인을 도와주고 싶다.〉라는 원의는 너무나 숭고하고 아름다운 것이어서 누구에게나 가르쳐 주고 싶고, 또 그렇게 도와줌으로써 기쁨을 느끼며 살아가도록 하고 싶은 뿌리 깊은 그의 소망이었다. 그는 〈타인을 도와 일으켜 세워줌〉으로써 삶의 에너지와 기쁨을 얻게 된다. 그는 그의 소명을 깨달았기에! 자유로워졌으며 훌륭한 치유자가 되었고 명상 지도자가 되었다.

그에게는 사랑하는 사람들의 문제가 곧 자신의 문제이다. 사랑하는 사람의 고통도 사랑하는 사람의 행복도 모두 자신의 고통이고 자신의 행복이 된다. 그는 쉽게 다른 사람의 요구를 알아차리며 사람들로 하여금 그들의 문제를 털어 놓도록 만든다. 그는 그들에게 충고하고 해결해 주길 원하며 그렇게 할 수 없을 때 자신을 부끄럽게 여긴다.

신앙심이 있는 그는 그다지 큰 욕망을 가지고 있지 않으며 다만 사랑하는 사람들과 함께 행복한 삶을 살아가는 것이다. 그는 물질적인 것에 그다지 마음을 쓰지 않으므로 항상 도와 줄 수가 있는 것이다.

J씨는 유복한 가정에서 태어나 음대를 졸업하고 바이올리니스트가 되었다. 그러나 그녀가 결혼하고 난 뒤에, 사업에서 실패한 그녀의 남편이 도박에 빠져들자 그녀는 집을 팔아 남편의 도박밑천을 대어 주었는가 하면, 마지막에는 그녀에게 하나 남은 고가의 바이올린을 팔아 남편의 도박 밑천을 대어주었다. 이유는 그렇게 하고 나면 도박을 끝내겠지 하는 기대였다고 한다. 그리고 결국 그녀의 남편은 부인의 바이올린까지 도박밑천으로 날려 보낸 다음에야 도박을 끝냈다고 한다. 그녀는 매번 기만 당하면서도 끊임없이 용서하고 기회를 줄 수 있었던 것이다.

그는 훌륭한 충고자들이고, 후원자들이며 조력자이다. 이런 점들이 그의 가장 큰 재능들이다. 타인들의 안녕을 위해서 자기를 희생하는 그와 같은 사람들이 없다면 우리 사회의 조직은 아마 힘을 잃을 것이다.

그러나 그는 자신의 필요나 가족의 필요에는 등한시 할 수 있으며, 자신이 선의를 베푼 사람들에게서 배신을 당했을 때 힘들어진다. 그렇더라도 그는 관계가 소원해진 상대방에게 먼저 화해의 손짓을 할 수 있고 쉽게 용서 할 수 있다. 관계 안에 매이는 그의 주요 관심사는 좋은 사람들과 함께 하는 시간들이며 그렇기 때문에 지나치게 착하고 희생적일 수 있다.

그는 자신이 다른 사람들을 도울 수 있을 때 행복해지며 자신의 필요를 다른 사람이 눈치 채고 도와주려 할 때는 오히려 당황해 한다. 그가 착한 사람이 되려고 하는 것은 옳음의 빛을 타고난 유형처럼 도덕적인 기준에서이기보다 착하고 친절하고 도움을 주는 사랑스런 사람이기 때문이고 자신도 그렇게 확신하고 있다. 그는 진실로 다른 사람들을 도울 수 있을 때 참으로 사랑스러운 자신이 된다.

그는 요청하지 않는 다른 사람들에게까지도 지나치게 잘해주며 성의껏 돌본다. 그러나 그의 성의가 부담이 되거나 그 성의로써 구속을 당한다고 느끼는 타인들은 그와 거리를 두려고 할 것이다. 그럴 때 그는 대단히 힘들어지며 배신감과 함께 착취당했다고 느낀다.

그에게는 타인이 자신에게 어떻게 대하고 반응하는 가에 따라 행복과 반감이 교차된다. 그는 특히 주목 받지 못하거나 감사의 표시를 받지 못할 때 힘들어진다. 그는 모든 심장 형들과 마찬가지로 관심을 받고 인정받고 사랑 받기를 원하며 도움을 주면 인정과 감사로 되돌려 지기를 원한다.

그는 끊임없이 타인과의 융화를 갈망한다. 그는 누가 누구와 잘 어울리는 가를 생각하며 사람들을 짝 지워 주는 것에 대해서 생각한다. 무력하고 도움을 필요로 하는 사람들은 그에게 호소력이 있다. 흔히 무력한 어린애는 그가 지닌 욕구를 채워 줄 수 있기에 그는 얻을 수 없었던 완전한 사랑을 어린아이에게 쏟을 수 있다. 그러므로 그의 이타주의는 자신의 자아를 충족시키는 정당한 형태가 된다.

그는 때때로 약하고 의존적인 파트너를 원하기도 한다. 그가 사랑하는 대상은 노약자일 수 있고, 알코올 중독자일 수도 있고 장애자일 수도 있다. 그는 알코올 중독자를 도와주고 자신의 모든 것을 줄 수 있으며 끊임없이 용서하고 또 한 번의 기회를 준다. 그러나 그의 도움은 중독자의 행동을 그전처럼 계속 지속하도록 하기에 진정한 도움이 될 수 없다. 그의 이타적 행동은 중독자에게는 독이 되는 것이다.

극복 방안
그에게 필요한 것은 조건 없는 하느님의 사랑을 타인들에게 되돌리는 것이며 아무 보상도 바라지 않고 도움 자체로 소명을 다했다고 느끼는 것이며, "나는 도움을 주는 필요한 사람이다."라는 자아 충족이 아니라, 진정한 의미의 도움이 어떤 것인가를 숙고해 보고 분별해야 한다는 것이다.

그는 자신의 욕구를 억제하고 자신의 욕구를 타인에게 투사하는 것이다. 예수께서 말씀하시는 "자신이 바라는 대로 남에게 해 주라"는 말은 조건 없는 사랑이 아니고 자아 충족을 위해 그렇게 할 때 그에게는 독이 된다.

옳음의 유형이 자기 분노를 숨긴다면, 사랑의 유형은 자신이 그토록 가난하다는 사실을 숨긴다. 그는 사랑, 친밀감에 대한 엄청난 욕구가 통제되지 않고 드러나게 되는 것을 두려워한다. 그는 그러한 자신의 욕구가 사라질 때까지 먹고 마실 수 있으며 초콜릿 중독자일 수도 있으며 비만을 걱정하기도 한다.

그에게 필요한 것은 사실 남들에게 최선을 다하려 했고 실제로 도움을 주었으나 피해를 줄 수도 있었다는 것을 인식하는 것이다. 그가 하느님을 진정한 연인으로 체험했다면 사랑이란 아무 보상 없이 순수하게 나눔으로써 얻을 수 있으며, 바라던 기쁨과 행복이 온다는 것을 알게 되며 진정한 겸손에 이르게 된다.

진정한 겸손은 건강한 자기평가와 함께 자신의 진정한 가치를 아는 것이다. 건강할 때 그는 자신의 가치를 알고 있으며 더 이상 자신을 부풀려 포장할 필요를 느끼지 않는다.

그는 사람과의 관계 안에서 행복을 찾으려는 끊임없는 욕구로부터 자유로워져야 한다. 그는 이미 자신이 존재 자체로 사랑 받고 있으며, 하느님에게서 받은 충분한 사랑을 인식하고 그 사랑을 반사하면 되는 것이다. 건강할 때 그는 사람과의 관계에 더 이상 매이지 않고 홀로 있으면서 되돌려지지 않는 사랑에도 불구하고 하느님의 사랑과 아름다움을 찬미할 수 있게 된다.

우리는 고통 받고 있는 병자를 낫게 하시는 예수의 모습을 성서의 여러 부분에서 만난다. 그 분은 "고통 받고 짐 진 자들아 다 내게로 오라 내가 너희를 쉬게 하리라"라고 하신 분이셨다. 그 분은 봉사와 희생의 교리를 몸소 실천하신 분이셨고, 그 분에게 봉사는 조건 없는 하느님 아버지의 사랑을 그대로 반영하시는 것이었고 봉사와 희생의 삶에도 불구하고 십자가에서 돌아가시면서 마지막 값을 치르셨다.

예수 그리스도가 돌아가시면서 하신 마지막 말씀은 도움을 받은 배은망덕한 인간들과 하느님과의 화해를 청하는 용서의 기도였다. "하느님 저들을 용서 하소서 저들은 자기가 하는 일을 모르고 있기 때문입니다."

예수의 이름은 '야훼께서 도와주신다.' 혹은 '야훼께서 구원하시다.' 는 것을 뜻한다. 그분이 십자가에 못 박혀 돌아가신 것은 모든 인류의 죄를 대속하신 하느님의 어린양으로서 온 인류에게 도움을 주시는 그 분의 크나큰 소명을 이루시는 모습이셨다.

예수에게 치유를 받았던 열 명의 나병 환자 중 한 명만이 감사를 표현하는 것을 보고 예수께서는 탄식하셨다. 그 분도 감사하지 않은 인간들을 나무라셨다. 그러나 예수께서 나무라는 동기는 감사함이 우리에게 얼마나 많은 좋은 것들을 주는지를 알리려 하셨던 것이다. 감사라는 순수한 사랑의 감정은 우리들의 몸과 마음을 가장 아름답게 만들어 주며 우리를 구원으로 이끌어 주는 핵심적 징서이다.

우리는 아주 작은 것들을 주고 또 돌려받는 것만을 사랑이라고 여긴다. 실상 하느님의 무조건적인 사랑에 비해 너무나 저급한 사랑일 텐데 그것만이 사랑이라고 느끼고 갈구하는 우리는 틀림없이 장애를 앓고 있는 듯 하다. 하느님 사랑 없이 우리는 숨조차 쉴 수 없다. 그 분의 사랑 없이는 우리는 한 발짝도 옮길 수가 없다.

사랑 유형에게 구원의 초대는 존재 자체로 하느님의 사랑을 느끼고 그 분의 사랑을 되돌리는 것이다. 하느님께서는 누구보다도 우리들의 조건을 잘 아시고 연민의 눈으로 돌아오기를 기다리시는 분이다. 그는 자신이 도와 준 사람들이 어떻게 하든 그들을 자유롭게 놓아 줄 수 있는 자유로움과 스스로도 도움을 청할 수 있는 자유를 가져야 한다.

어울리는 일

착하고 희생적인 그는 조직 안에서 화해 조정의 역할을 한다. 그는 사람 관계 안에서 이루어지는 사회 복지사, 사회사업, 기타 서비스업, 판매업 등이 좋다.

질병(공해 등 특수한 환경의 요인에 의한 질병은 예외로 한다.)

그는 관계 안에서 인정받고 사랑 받을 수 없을 때 울화병이 생길 수 있으며 그의 심장을 다치게 한다. 그는 스트레스상황에서 체질적으로 비만이 될 가능성이 있으며, 식도염, 위를 잃게 되기도 하고, 고혈압, 당뇨, 간을 앓게 되기도 한다.

3) 성취

얼굴

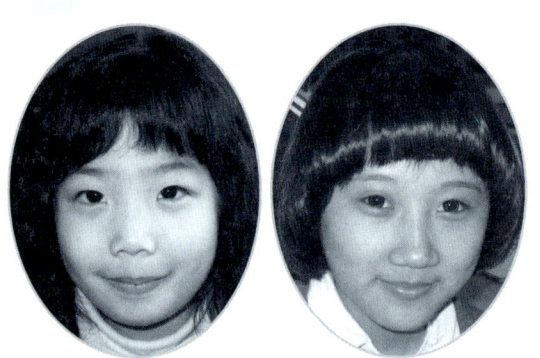

특징

기운	똘똘한 기운
가치	성취
욕구	사랑, 인정받음
얼굴, 눈빛	똘똘함, 반짝거림
태도	활발함
힘의 중심	심장 형
행동 방식	확산 형

유형설명

그의 생명력은 성취에 있다. 그는 무언가를 성취하면서 인정받고 사랑 받을 수 있을 때 살아 있음, 사랑, 기쁨, 행복을 느낀다. 그는 다른 사람에게 믿음을 주는 자신감과 확실성을 보여주는 특별한 재능이 있다. 확신으로 반짝이는 눈과 생기발랄함은 공동체에 신선한 활력을 불어 넣어주며, 목표를 정하고 일을 효과적으로 할 수 있도록 동기를 부여해 준다. 그는 영감과 여러 가지 아이디어로 자신이 속한 조직에 기여하며 구성원들을 결속시켜 일을 추진해 나가는 탁월한 재능이 있다.

그는 구성원 한 사람 한 사람의 장기와 능력을 알고 있고 단체를 위해 적절하게 효율적으로 쓰이도록 유도한다. 그는 어떻게 일을 끌고 가며, 어떻게 성공시킬 수 있는가를 본능적으로 안다. 그는 심장 중심 사람으로서 그가 속한 단체를 활력과 웃음과 따뜻한 분위기로 이끌어 갈 수 있는 매력적이고 사랑스런 사람들이다.

그는 심장 형이지만, 자신의 감정을 살피는 것 보다 성공에 지향을 둔 일 중독자 일 수 있다. 그는 많은 능력을 타고 났기에 있는 그대로 모습보다 특별한 성취를 이룬 순간에 칭찬받고 사랑 받았다. 그래서 그는 "넌 참 뛰어난 아이야, 넌 할 수 있어"라는 말을 듣고 자랐으며, 모든 면에서 성공하는 사람들이다. 그는 가정에서도 조직에서도 아주 매력적인 지도자 역할을 해낼 수 있다.

그는 사랑하는 사람 혹은 사랑 받는 사람의 역할을 해내며, 로맨틱해 질 수 있고, 아주 예민하게 일을 처리할 수도 있다. 어떤 일에 끼어들 때 그는 그 집단의 모범이 되며, 그 집단의 필요와 가치를 구현해 내는 능력이 있다. 그에게 있어서 삶은 성공적이어야 하며 삶은 이기느냐 지느냐의 문제이다. 그는 어릴 때부터 자신의 성공에서 삶의 에너지를 찾아냈다.

어느 성취 유형의 고백을 들어 보자.

〈"이기기 위해서라면 뭐든지 할 수 있어"〉 나는 초등학교 시절, 나는 이미 승부 세계에 눈을 떴던 듯싶다. 당시 학교에선 한 반에 한 명씩 장학금을 주었는데 그 장학금을 받기 위해 나는 밤 새워 공부를 했던 것이다. 이제 와 생각해 보면 그토록 승부에 집착한 건 순전히 엄마에게 잘 보이고 싶다는 욕심에서 비롯됐던 것 같다. 화려한 외모, 지기 싫어하는 성격인 엄마는 농사꾼이자 주정뱅이인 아버지 때문에 늘 속이 상했고 그런 엄마를 위로하기 위해 나는 늘 우등생이 되고자 했던 것이다.

그 시절, 일이 안 풀리면 나는 늘 엄마를 떠올렸다. 여기서 지면 엄마가 슬퍼할 텐데, 이걸 못하면 엄마가 속상해 할 텐데……. 그런 생각에 나는 악착같이 공부를 했고 질 것 같은 상대는 일찌감치 어떤 방법을 써서라도 이겨야만 했다.

성인이 된 후에도 그런 적이 있는데 어느 일간지 기자로 근무할 때, 유능한 어느 선배의 노트북을 장난으로 감춘 적이 있다. 술집에 놓고 간 선배의 노트북을 주워 며칠 간 돌려주지 않았는데 그 때 난 컴퓨터가 없어 쩔쩔매는 선배를 보며 내심 쾌재를 불렀던 것 같다. 어때, 약오르지? 라면서……. 지금 생각해 보면 정말 어처구니없고 한심한 일이지만 그 땐 정말 그래야만 직성이 풀렸던 것 같다.

그럼에도 불구하고 나는 늘 2인자라는 열등의식에 시달렸다. 학교는 물론 취미로 즐기는 수영 테니스 에어로빅 요가 등등에는 나보다 나은 사람들이 수두룩했고 나는 언제고 그들을 이겨야 한다는 강박관념에 사로잡혀 있었다.

그런데 희한한 것은 한 번 라이벌로 찍힌 사람들은 늘 거머리처럼 내 머릿속에 달라붙어 시도 때도 없이 나를 괴롭혔다는 점이다. 나는 일을 할 때도, 밥을 먹을 때도 심지어는 잠을 잘 때조차 라이벌인 '그' 또는 '그녀'(대체로 그녀인 때가 많았지만)를 생각하며 그녀라면 어떻게 했을까, 화장실에서 그녀는 어떻게 하며, 밥은 어떻게 먹으며 숨은 어떻게 쉬고 잠은 또 어떻게 잘까? 이러한 자질구레한 것들로 그 또는 그녀와 나를 비교하곤 했다. 뿐만 아니라 그들의 표정, 말투, 걸음걸이, 스타일 등을 흉내 내느라 나다운 '나'를 만드는 일 따윈 엄두조차 내지 못했다.

"그럼, 대체 난 누구란 말인가?"하여 나는 늘 내가 누구인가? 라는 정체성에 끊임없는 그

선배와 대화를 나누는 내내 나는 줏대 없는 내 자신에 절망하고 있었지만 그럼에도 불구하고 나는 늘 벤치마킹할 상대를 찾았으며 매 순간 그들을 닮기 위해 노력했다. 정체성이야 어찌 되든 말든 그저 멋들어져 '보이기'만을 열망하면서……〉

  그는 자신이 속한 단체에서 어떻게 적응하고 어떻게 연출해야 하는 가를 아는데 직관적이다. 모든 심장중심들이 그렇듯이 그에게 있어서도 성공하려는 노력의 바탕에는 인정받고 사랑 받아야 한다는 강박이 깔려 있다. 사랑 유형들이 사랑 받고 인정받기 위해서 타인에게 꼭 필요한 사람이 되고 싶어 하듯이 성취 유형인 그는 칭찬받고 인정받고 사랑 받기 위해서 성공하고 싶다.

  그는 어느 유형보다도 많은 재능을 물려받았으며 필요하다면 자기가 하고자 하는 역할을 훌륭히 연기해 낼 수 있다. 그는 단체에는 없어서는 안 될 사람이며, 단체를 밝고 환하게 만들어 주는 사랑 받는 지도자일 수 있다.

  긍정적이고 낙관적인 그는 성공에 관해서 가공할만한 선택적 기억력을 가지고 있다. 그는 일의 실패에서도 부분적인 성공의 기억만을 취하며 항상 자신의 성공담에 대해서 이야기할 수 있다.

  실패는 그가 가장 회피하는 것이다. 성공적이지 못한 그보다 더 비극적인 것은 없다. 왜냐하면 그에게 있어서 실패는 있을 수 없는 정신적 충격이기 때문이다. 그렇게 때문에 그는 때때로 자신의 패배를 잊고 부분적 승리자로 재해석한다. 확신과 자신감이 있고 너그러우며 관대한 그는 다른 사람들에게 매력적으로 비춰지며, 사랑 받고 존중 받으며 아래 사람들의 충성심도

끌어낸다.

그는 자신의 일이 아주 중요하고 의미 있는 일이라는 것을 고무 시켜 줌으로써 사람들의 주의를 끌며 협조를 구할 수 있다. 그는 자신의 일로 최상의 결과를 가져오는 방법을 알고 있으며 어떻게 사람들의 노동력을 끌어 올 수 있는지를 안다. 그가 추구하는 것은 효율성이다.

그는 다른 사람이 말할 때 포인트를 채어 다음 할 말을 만들어 내어 마지막 결론은 자신이 내린다. 그는 듣기 보다는 말하는 쪽을 택한다. 다른 이의 의견이 좋을 때 그는 자신의 말을 급하게 수정하여 따라가는 유연성을 보인다. 그가 유연성을 가지고 따라간 의견이라 할지라도 좋은 의견은 항상 그의 것이 되어 그가 결론을 내리게 된다.

그는 자신의 목표가 섰을 때 완벽하게 일을 처리 할 수 있는 일중독자일 수 있다. 그는 자신이 최상이기를 원하며 자신을 폄하하거나 자신의 이미지를 손상시키는 이들을 아주 싫어한다. 그는 일이 실패 했을 때 팀이 협력하지 않았기 때문에 실패했다고 느끼고 실제로 그의 관점에서 보면 그럴 수 있다. 그러나 그는 자신의 실패일 수도 있다는 것을 염두에 두어야 한다. 그는 자신을 폄하한 사람들의 말을 강박적으로 싫어하겠지만 그를 부정하는 사람들의 말을 경청할 필요가 있다.

그가 많은 재능을 물려받은 만큼, 탁월한 재능을 자아충족을 위해 쓸 때, 성공을 위해서 진실을 과장하거나 자신이 필요한 이미지들을 창출해 낼 수 있다. 그는 좋은 차를 타고 다니는 성공한 지도자이며, 자신의 이미지를 만들어내는 집안의 집기들도 호사스러워야 한다. 성공에 관한 그의 탁월한 능력으로 그가 만들어낸 어떤 과장된 이미지라도 믿게 만드는 능력이 있는데, 그는 먼저 과장된 것들이 진실이라고 자신을 납득 시키는 것으로부터 시작하기 때문이다. 그렇기 때문에 그의 과장된 이미지는 스스로도 간파하기가 쉽지 않다.

무슨 일을 하든지 그것이 진실이며 그가 만들어 내는 이미지들이 현실 자체가 된다. 그는 자기 확신에 차 있어 보이며 신뢰 받는다. 그러므로 이들은 자신의 잘못된 부분을 반성하기가 힘이 든다. 반성은 이들의 성공을 실패로 만들어버리기 때문이다. 이들에게 잘못을 지적하고자 할 때는 이들의 심한 대적과 저항을 각오해야 할 것이다. 이들은 자신의 이미지를 손상시키는 그 어떤 것이라도 받아들이기 힘이 든다.

극복 방안

그가 집착에 갇혀 있을 때 그는 심오함에 대한 갈망이 없어 보인다. 다른 이에게 보여 지는 자신을 사랑하는 그에게는 심오함보다는 자신의 이미지가 중요할 수 있다. 그가 자기 자신의 이미지에 빠져 있을 때 극도로 유물론적이며, 자신보다 중요한 자신의 이미지를 위해서 허영에 빠질 수 있으며 그가 만들어내고 있는 지적이고, 영적인 것들조차 그의 허영을 만족시키기 위해 부풀려 질 수 있다.

그는 특히 모든 것들을 그의 손으로 스스로 해 내었다고 믿기 때문에 구원을 단순한 은총으로 받아들이기가 힘이 든다.

그러나 그에게 정작 필요한 것은 포장하지 않은 진정한 자신의 가치를 깨닫는 순간이다. 그는 그가 성공의 가도를 달리고 있지 않더라도 자신이 이미 창조주로부터 사랑 받고 있는 존재라는 것을 인식하는 순간이다. 그는 무엇보다도 내면여행에서 그의 역할과 가면 뒤에 참된 자아가 없을지도 모른다는 불안 – 그 근거 없는 불안을 극복해야 한다. 자아충족을 위한 자신의 허영을 명백하게 인식하고 신성의 빛과 연결 되어 있는 그대로의 자신을 사랑할 수 있을 때 그는 참으로 엄청난 일들을 해 낼 수 있으며 참으로 성취하는 사람이 될 수 있을 것이다.

그는 십자가의 비밀, 다시 말하면 십자가가 보여주는 실패의 비밀 그 역설을 이해해야 한다. 패배를 통한 승리는 그에게는 일어나지 않았으며 작용하지 않았을 것이다.

그러나 예수께서는 세상의 실패를 통해 승리하셨음을 명백히 보여 주셨고 또한 하느님은 우리의 구원을 위해 우리의 패배를 이용하시는 분임을 깨달아야 한다. 예수께서는 자기가 완수하려고 했던 승리가 끊임없이 패배의 역설을 통해서 얻어지는 승리임을 알고 계셨다. 그 분께서는 실패라고 보였던 길을 택하셨다.

그의 통합 방향은 그의 능력을 자신을 위해 쓰지 않고 공동체를 위해 쓸 수 있는 충실 유형이다. 그가 충실 유형을 통합 했을 때 자신이 만들어 낸 이미지에서 자유로워지고, 인간의 힘으로는 이루어질 수 없는 신비와 하느님의 통치에 희망을 갖기 시작한다.

그는 자기 내면의 공허와 사랑을 솔직하게 직시한다. 그는 자기왕국을 포기하고 하느님의 나라가 임하시길 바란다. 요구하지 않고 이용하지도 않고 기만하지도 않으며 판단하지 않고 자신의 이미지에 매달리지도 않으며 말없이 기도하면서 공동체를 위해 헌신하는 사람이 된다.

그렇게 될 때 그는 참 사랑과 행복과 충만함이 어떻게 오는가를 알게 되며, 현재의 부와 영예와 지위에 매달리지 않고 자신의 진정한 소망을 깨달아 자유롭고 충만한 삶을 살 수 있을 것이며 누구보다도 인정받고 사랑 받는 지도자가 될 것이다.

어울리는 일

그는 다양한 분야에서 성공할 수 있다. 여러 서비스업, 행정직, 기능인, 인사관리, 정치인, 군인, 이벤트회사, 예술가

질병(공해 등 특수한 환경의 요인에 의한 질병은 예외로 한다.)

그는 일을 성공시키기 위해서 정도 이상으로 생각이 많을 수 있으며 지나친 신경을 쓰므로 위를 앓을 수 있으며 식도염을 앓을 수도 있다. 그의 불편한 심장은 고혈압, 당뇨 등을 앓을 수 있으며 인정받고 사랑 받지 못함으로 오는 화로 인해 간을 앓게 되기도 한다.

4) 품위

얼굴

특징

기운	우아한 기운
가치	품위
욕구	사랑, 인정받음
얼굴, 눈빛	우아함, 깊은 눈빛
태도	왕족 같은 우아함
힘의 중심	심장 형
행동 방식	응축 형

유형설명

그의 생명력은 품위에 있다. 그는 자신과 주위가 고상하고 품위 있는 아름다움으로 채워질 때 살아 있음과 사랑, 기쁨과 평화를 느낀다. 그는 종종 우아하다는 이야기를 듣는다. 그의 걸음걸이는 왕족 같은 품위를 가지고 있다. 그는 매혹적이고 신비스런 매력을 발산하는 사람이며 세상이 아름다움에 의해 구원 되리라 생각한다. 그가 걸치는 옷들은 그가 가지고 있는 미적 감각에 의해 재구성 되며 아름다워 진다. 그는 누추한 옷이나 장신구들에게서도 아름다움을 만들어 내는 능력이 있으며, 아무리 누추한 옷이라도 그에게 걸쳐졌을 때는 독특한 아름다움을 발산하게 된다.

그는 미적 감각이 뛰어나며, 어떤 그늘지고 구석진 곳에서조차 아름다움을 발견해 내는 심미안을 가지고 있다. 그는 고도의 감각과 예리한 눈으로 삼라만상 안에 숨겨진 아름다움을 본다. 그는 장소와 상대하고 있는 사람들의 느낌, 분위기를 아주 세세하고 정확하게 파악하는 재능을 가지고 있다.

그는 누구보다도 삶에서 일어나는 감정들을 깊게 느끼는 사람이며 특히 슬픔과 비극적인 것에 민감하다. 그의 함정은 삶 전체에 안개처럼 매복되어 있는 달콤한 슬픔이다. 그는 행복하기 위하여 먼저 슬퍼야 하고, 절망해야 하며, 고통 받아야 한다.

그는 현실을 견딜 수 없고 무의미한 것으로 생각한다. 이런 종류의 체험은 고통스런 상실의 체험과 결부되어 있다. 이러한 상실은 실제일 수도 있고 단지 감정적으로 느끼는 것일 수도 있다. 그의 갈망은 잃어버린 사랑을 향해 있다. 그러므로 그의 눈은 종종 슬퍼 보인다.

그는 평범한 것들, 통상적인 것들을 거부한다. 그는 종종 평범하고 획일성을 주장하는 공동체에서 이탈되기도 한다. 공동체에서는 품위가 지켜져야 하는 그의 성향이 위협을 받을 수도 있기 때문이다.

그는 거리 두기를 한다. 그는 말하거나 행동하기 전에 먼저 자신의 말이나 행동이 타당한가를 생각해 본다. 그는 사람들에게 먼저 다가가지 않으며 자신이 호감을 갖는 사람이라면 상대가 먼저 주도권을 잡고 자신을 찾아 주기를 원한다.

그는 품위가 손상되는 어떤 일도 피하고 싶다. 다른 사람의 비판에 휩쓸려 힘을 잃게 되는 것은 그의 품위에 손상이 가는 일이므로 그는 자신이 그렇지 않음에도 불구하고 우울해 지고 생명력을 잃는다. 그가 침울할 때는 눈을 내려 깔고 우울해 있지만 행복할 때는 얼굴이 밝아진다.

품위 유형인 그의 이야기를 들어보자.

〈나는 꽤나 독립적인 반면 마음 한구석엔 누군가에게 기대어 따스하게 이해 받고 또 사랑 받고 싶은 욕구가 자리하고 있다. 그리고 심장중심사람들이 대부분 그렇듯이 나 역시 의식적이든 혹은 무의식적이든 남들에게 내가 어떻게 비쳐지는가에 신경을 쓰는 편이다.

나는 사람들에게 쉽게 다가가거나 표현하지 못하는 편이다. 설령, 마음에 쏙 드는 사람이 있을 때조차도 내가 먼저 손을 내밀기란 정말로 쉽지 않다. 그 사람이 와서 먼저 내 손을 잡아주기를 간절히 바란다. 그런데 이러한 모습이 남들에게는 오히려 도도함으로 비쳐져 쉽게 다가가기 어려운 사람이라는 얘기를 종종 듣는다.

사실 나의 거리 두기의 이면에는 부끄러움도 많고 어줍어서 남들과 쉽게 친해지거나 잘 어울리지 못한다는 열등감 혹은 자신감 결여가 있음을 남들은 잘 알지 못한다. 그러다 보니 아주 절친한 몇 사람을 제외하고는 사람들과 어느 정도의 선을 유지하면서 지내는 것이 나로서도 편한 것 같고 흔히들 표현하는 '허물없이 지낸다' 라는 말은 내게 먼 나라 얘기처럼 들리기도 한다.

이렇듯 보이지 않는 선 긋기는 어쩔 수 없는 운명처럼 나로 하여금 고독과의 인연을 만들어 냈다. 몇 년 전 국제 학술대회 논문발표를 위해 캐나다에 갔던 적이 있었다. 이전에 전혀 안면이 없었던 다른 대학교수들 몇 명과 동행하게 되었는데 나는 밴쿠버에 도착할 때까지 비행기

옆 좌석에 앉았던 교수와 인사말 한마디 나누지 않았다. 지금은 나와 친해진 그 교수는 내게서 너무 찬바람이 불어서 자기 역시 말 붙일 엄두도 내기 어려웠다고 하였다. 아 ! 나는 자신감 없음과 수줍은 낯가림을 차가운 이성의 가면으로 곧잘 위장하곤 하였던 것이다.

나는 그룹 안에 있을 때 잘 섞이지 못하는 물에 뜬 기름 같다는 느낌을 받는다. 이러한 느낌은 지속적으로 나에게 뭔가가 늘 부족하고 결여되어 있다는 생각을 끊임없이 하게한다. 나는 그 결핍 혹은 모자람을 메워 줄 실체도 없는 그 무엇인가를 끊임없이 기다려왔던 것 같다.

그러다 보니 현실에 발을 딛고 서서 살기 보다는 자기 스스로 이상화시킨 공상의 세계에 빠져들기 십상이었고, 눈앞에 존재하는 것들은 너무 진부하고 시시하게 느껴지기 마련이어서 늘 영원히 변치 않는 그 무언가를 찾아 헤매었던 것 같다. 참으로 오랫동안 나는 자기 정체성을 확인하기 위해 배회했었던 것 같다. 이러한 내 모습에 대해 나 스스로는 아주 세속적이면서 또 가끔은 적당히 영성적이기도 한 인간이라고 보고 있다.

사람들로부터 우아하다는 소리를 들을 때가 있다. 내가 특별한 미모의 소유자도 아니고 값비싼 옷을 걸치는 것도 아니지만 수수하게 차려 입은 모습에서도 우아함이 느껴지기도 하나 보다.

나는 꽤 오랫동안 '흠 없음' 이라는 환상에 사로잡혀 있었는데 아마도 결핍감 때문에 내면에서 이상화시킨 '아름다움' 이나 '우아함' 에 금이 가지 않게 해야 한다는 무의식적인 충동 때문이었던 것 같다.〉

그는 침착하고 조용하며 관대할 수 있다. 그는 자신이 다른 사람들과 다르다고 느낀다. 그는 귀족적인 품위를 가지고 있으며 그의 고상하고 침착한 처신 앞에서 사람들은 편안함을 느끼기도 하고 이질감을 느끼기도 할 것이다. 그는 어디서나 부담 없이 함께 할 수 있는 청바지나 발 편한 운동화 같은 느낌을 주는 사람들은 아니기 때문이다. 그는 사려 깊고 부드러우며 다른 이들의 필요에 민감할 수 있다. 그는 자신에게 무례하게 구는 사람에게라도 친절하게 대해 주려고 한다. 친절은 그 사람조차 품위 있는 사람으로 변화시킬 수 있으리라고 믿기 때문이다.

　그는 자신의 품위와 정신적인 가치를 위해 포기해야 했던 것들을 생각하며 슬픔에 젖는가 하면 그러한 결정을 내린 자신에 대해 다행하게 생각하며 행복해 지기도 한다. 그는 자신의 품위에 손상이 가는 즉각적인 행동을 싫어하며 자신이 그런 행동으로 몰리는 상황도 힘들어한다. 그는 무엇을 하건 다른 사람들과는 다르고 특별하게 행동한다. 그는 자신이 천박하거나 평범해 보이는 것을 원치 않는다.

　자신의 이미지에 대해서도 깊게 생각하는 그는 다른 사람이 자신에 대해서 말하는 것들에 대해 지나치게 신경을 쓴다. 그는 삶의 모든 곳에서 비탄과 슬픔을 느낀다. 그는 아름다움과 즐거움을 슬픔과 아픔 속에서 길어 올리기 때문에 아픔들을 끌어안는다. 그는 슬픔의 미학을 창조하는 사람이다. 그는 인간의 감정을 누구보다도 잘 이해하는 상담가가 될 수 있다. 그는 모든 아픔들을 깊이 있게 맛보았기 때문에 정신적 고통을 받는 사람들을 진정으로 위로해 줄 수 있다.

　그에게 죽음은 아름답고 완벽해야만 한다. 그는 때로 꽃이 활짝 핀 벚나무 아래서 쓰러지고 벚꽃이 천천히 죽은 그의 몸 위로 떨어져 내리는 것을 꿈꾼다. 사랑, 아름다움, 죽음, 노을, 이런 것들이 그가 생각하는 주제들이다. 구원받지 못한 그의 우울은 다른 사람이 체험하는 정상적인 슬픔과는 다르다. 그는 상실한 것에 대해 절망적으로 매달리는 경향이 있다.

갈망이 소유보다 더 중요한 그는 대상을 소유하자마자 실망한다. 그런 까닭에 그는 까다로운 사랑의 파트너일 수 있다. 그는 사랑을 갈망하다가도 눈앞에 다다라 소유 했을 때 감상적인 느낌이 사라진다. 그는 현재를 살기가 힘들다. 현재란 항상 진부한 것들로 가득 차 있기 때문이다.

그는 단체 안에 있는 속되고 천박스러운 것들을 견디기보다는 혼자 있는 것을 택할 것이다. 우수 어린 내적 풍요로움은 그에게 사람들이 별 생각 없이 부르는 행복보다는 더 매력적인 것 같다. 그가 느끼는 우울은 보통 사람들이 체험하는 정상적인 우울과는 다르다. 그는 웃을 때 조차 우수가 서려 있을 수 있다.

극복 방안

그의 과제는 현재를 사는 것이다. 건강하지 못할 때 그는 현실보다도 의식을 더 좋아한다. 그는 실제 사건보다 더 아름다운 자신의 기억들을 아름답게 채색한다. 그런 까닭에 그가 현실과 부딪히는 것은 필연적이다. 그는 자신의 감정을 대단히 진지하게 여기며 상처를 받을 때 마음 깊이 상처 받는다. 그는 인간의 감정을 누구보다도 잘 이해하는 상담가가 될 수 있다. 그는 모든 아픔들을 깊이 있게 맛보았기 때문에 정신적 고통을 받는 사람들을 진정으로 위로해 줄 수 있다.

그의 눈은 간혹 알 수 없는 슬픔을 담고 있고 아주 귀족적인 품위와 아름다움을 가지고 있다. 그는 세련되고 아름다우며 교양이 있어 보인다. 그는 조개가 진흙을 진주로 변화시키는 것처럼 상실의 체험을 아주 아름답고 귀하게 승화시킬 수 있다.

그를 위한 구원의 초대는 하느님의 품격이며 아름다움이다. 그는 하느님과 일치되는 과정에서 자신의 아름다움과 자연스러움을 발견한다. 만일 그가 하느님과의 일치를 이룬다면 오랫동안 갈망해온 휴식과 조화에 이를 것이다. 그는 하느님과의 일치와 믿음 안에서 자신의 품위가 손상되는 주위의 평판으로부터 자유스러워지며, 상상의 드라마가 아니라 실질적인 삶에 감각적으로 대처할 수 있다. 그는 감정에 빠져 있는 자체를 그만두면서도 감정의 깊이에 도달할 수 있다.

그는 아름다움에 대한 갈망과 삶이 조화롭기를 바라는 갈망을 가지고 있으며 상실에 대한 깊은 체험을 가지고 있다. 그의 갈망은 잃어버린 사랑을 향해 있다. 그것은 낙원으로의 귀소본능에 대한 것이며 동시에 현실에서는 적응이 되지 않고 떠도는 갈망이다. 그는 언젠가 진정한 사랑이 찾아 올 날을 기다리며 그 사랑이 자신을 구원해 주리라고 믿고 있다. 그러나 그가 진정한 사랑은 자신의 내부에 있음을 알게 되고 진정한 자신을 알게 될 때 자기 내부에 있는 보물들을 점차 깨닫고 그것들을 남들과 나누어 가질 것이다.

그가 더 이상 속된 것과 성스러운 것을 구분하지 않고 세상과 자연스럽게 어울릴 수 있으며, 소통 할 수 있을 때 그는 세상의 자연스러움 안에서 신이 준 가장 섬세한 아름다움을 발견할 수 있을 것이다.

어울리는 일

그는 다른 사람의 아픔을 깊이 공감할 수 있는 능력으로 상담가가 될 수 있고, 화가. 작가, 예술인 등이 어울린다.

질병(공해 등 특수한 환경의 요인에 의한 질병은 예외로 한다.)

그의 우울과 슬픔은 그의 폐를 다치게 한다. 그의 우울은 심장 형들이 앓는 위염이나 식도염 혹은 신장을 앓을 수도 있다.

5) 지혜

얼굴

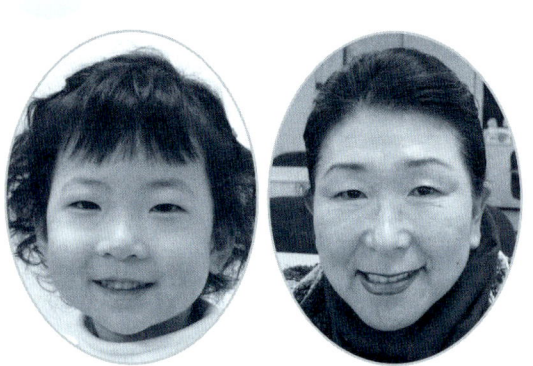

특징

기운	현명한 기운
가치	지혜
욕구	지식, 금욕적
얼굴 눈빛	현명함, 깊은 눈빛
태도	실수 없음
힘의 중심	머리 형
행동 방식	응축 형

유형설명

그의 생명력은 지혜에 있다. 그는 지혜를 통달 했다고 생각될 때 살아있음과 생명의 기쁨과 평화를 느낀다. 그는 알아야 한다는 집착으로 태어나서 말을 배우기 시작하면서 〈왜?〉라는 말부터 배웠다. 그는 자주 어른들에게 〈왜?〉 라는 질문을 던지는 아이였다. 그는 행동하기 전에 먼저 생각하며 객관성을 찾는다. 그는 질문이 많으며 사물을 먼저 눈으로 보고 분석해 보며 해석한다. 그는 아이디어의 발견자이고 연구가들일 수 있으며 지적인 용모를 가지고 있으며 부드럽고 온화하며 친절하고 예의 바르다.

그는 영성가이고, 세상을 초연하게 바라보며 사색을 즐긴다. 그는 세상의 가치 너머에 있는 것을 보는 사람이며 사색을 위해 자신의 세계로 빠져든다. 그는 지적 욕구가 많다. 그는 밀폐되고 보호되는 사적인 공간을 필요로 하고 천성적으로 수도자, 은둔자들이며 내성적이고 퍽 까다로운 사람이다. 수도자로 살고 있는 어느 친구는 수도원에 들어오기 전까지 세상에서 찾고자 했던 것들이 실상은 수도원에서 찾아지는 것이었다고 회고한다.

그는 안경을 쓰는 사람일 수 있다. 왜냐하면 그의 에너지는 모든 것을 보고 눈에 넣는 일에 집중하기 때문이다. 그는 성직자, 수도자일 수 있고, 총명한 발명가들일 수 있고 과학자일 수 있다.

그는 감정과 사건의 소용돌이 속에 말려들어 가지 않으려고 애쓰며 자신의 감정을 드러내 보이는 것을 힘들어 한다. 그러한 이유로 그는 삶을 살고 있다는 느낌을 주기보다 삶을 수용하고 관찰하고 있다는 느낌을 준다. 그는 맨 먼저 눈으로 보고 머리에 새긴다. 그는 사건들을 객관적으로 바라보면서 현실을 재구성 한다. 그러면서 그의 감정은 정리되고 줄을 서게 되는데 이것이 그가 감정과 만나게 되는 방법이다. 그는 간혹 머릿속에 심장을 갖고 있는 것 같다. 그는 위급한 상황에서도 일을 감정의 동요 없이 이성적으로 조용히 처리할 수 있다.

육체보다 정신의 필요에 더 신경을 쓰는 그는 때로 깨끗한 얼굴에 감정이 드러나지 않는 얼굴로 세속적인 것들을 혐오스럽게 바라보는 것 같다. 다른 사람들의 생각을 의심의 눈으로 보기도 하는 그는 자칫 오만해 보이기도 한다. 그와의 우정은 주도권 잡기, 지속적인 육체적 접근, 완전한 복종을 바라지 않는다면 좋은 관계를 맺어갈 수 있다. 금욕적인 그는 자신의 자원도 아껴 쓰지만 다른 이들에게도 자신의 것들을 선 듯 내어주려 하지 않는다.

그는 천성적으로 철학과 종교적 신비주의에 끌린다. 그가 다른 사람보다 더 쉽게 접근하는 것이 "비전" 혹은 "내면의 눈"이다. 그는 매우 금욕적일 수 있는 청교도적인 사람이다. 그는 주목 받는 일을 꺼린다. 그는 자신을 방기하고 내면의 자아를 드러내 보이기를 원치 않으며, 어리석게 되는 일, 실수를 하게 되는 일 등을 피한다. 그는 혼자만의 공간을 찾아 여행하기를 좋아하며 여행 중에 자신의 감정을 정리한다.

그가 받는 유혹은 지식이다. 그에게 지식은 힘이다. 그는 모든 것을 알고 이해할 수 있으면 자기 삶이 보장되리라고 생각한다. 그는 대체로 온화하고 수용적이며 다른 이들의 생활에 깊이 관여하지 않을 것이다.

그가 사용하는 방어기제는 후퇴이다. 그는 감정적 얽힘을 싫어한다. 그는 종속 관계를 만드는 감정, 섹스, 친분관계 등을 피한다. 건강하지 못할 때 그는 구체적인 관계를 두려워하며 이론과 관념적 추상세계에 머물기를 좋아한다. 그는 정신적인 사랑을 추구할 것이다. 철학자들은 세계를 변화 시키는 것이 아니라 세계를 해석하는 집단이라고 비난했던 칼 마르크스의 표현은 바로 그의 특징을 표현해 낸 것이며, 헬렌 파머가 "득도하기 직전의 붓다."라고 표현한 것도 감정에 빠지는 어리석음을 원치 않는 그의 성향을 이야기한 것이다.

그는 거리 두기의 명수일 있다. 그는 실질적으로 독립되어 존재하는 많은 단편들과 부분들로 삶을 분할한다. 예를 들어 그는 서로 아무 연관도 없는 여러 분야의 사람들과 알고 지내며 친구가 될 수 있으나 그런 부분적인 관계들을 의도적으로 한정한다. 왜냐하면 그들이 자신의 삶에 깊이 간섭해 들어오도록 한다면 그들과 감정적으로 얽히기 때문이다.

그는 항상 자신의 생각과 말과 행동에 논리를 가지고 있기 때문에 자신이 잘못되어 있다는 생각을 잘 하지 않는다. 그런 까닭에 그는 어떤 사안을 두고 정도 이상으로 심하게 화를 냈다고 하더라도 자신이 잘못되었다고 시인을 하거나 사과하는 일이 드물다. 자신의 이론으로는 그가 항상 옳았기 때문이다. 그는 심하게 화를 내다가도 곧바로 온화한 자신의 모습으로 되돌아오곤 한다. 그는 가끔 아주 재치 있는 유머 감각으로 사람들을 웃게 만들기도 하고 훌륭한 연설가이기도 하다.

그는 개인적으로 그에게 도전하는 갑작스런 침입에 쉽게 위협을 느낄 수 있다. 그는 다른 사람들이 자신에게 감정적으로 기대하고 있다는 것을 느끼면 퍽 불쾌하게 느끼는 것 같다. 혹 당신이 그에게서 무언가를 받는 일이 일어난다면 그것은 당신이 기대하지도 요청하지도 않았을 때일 것이다.

극복 방안

그는 간혹 금전에 있어서나 자신을 내어놓는 것에 인색할 수 있다. 그는 자신의 요구에도 인색하며 천성적으로 자신에게조차 또 다른 사람들에게도 인색한 금욕주의자이다. 절제하며 필요한 만큼 조금만 가지려는 사람이며 검소하다. 그는 명상을 즐기며 기도하는 사람이다. 그러나 그의 배우자나 자녀들은 자신처럼 금욕적이지 않을 수 있다는 것을 염두에 두어야 한다.

그럴 때 그는 우울함에 빠져 들거나 비관하기보다는 타인의 가치와 관심사를 이해해 주어야 한다. 그의 행동은 나무랄 데 없으나, 주위가족들이 자신만큼 금욕적이기를 원한다면 가족들은 아마도 숨을 쉴 수가 없을 것이다.

그는 엄청나게 성실하며 올곧게 살아 왔으나, 간혹 황혼 이혼을 당하는 수도 있다. 청교도적인 그의 생활은 나무랄 수는 없으나, 배우자는 그처럼 살지 못함으로해서 오는 죄책감과 좌절이 이혼을 불러 올 수도 있다. 그러므로 그는 모든 이들이 자신처럼 금욕적으로 살아갈 수 없음을 깨닫고 배우자와 가족들의 요구에도 귀를 기울여 줄 필요가 있다.

기도하는 그는 가끔 우울해 질 수 있으며, 머리로 어두운 각본을 쓰기도 한다. 자신도 어쩔수 없는 어두운 각본으로 극심한 우울함에 빠져들 때 그를 건져주는 것은 기도이다. 깊이 기도하는 그는 기도 안에서 해결책을 찾으며 우울에서 빠져 나올 것이다. 그는 극심한 우울 안에서 하느님을 만난다.

그에게 필요한 것은 헌신과 행동이다. 그는 종종 격렬하게 사랑에 빠질 수도 있으나 사랑 앞에서 사고가 마비되고 어떻게 행동해야 할지를 모른다. 사랑하는 법을 배우는 것은 그에게 필요한 권유이다. 정열과 정열에 의해 자신이 어리석게 되는 것을 허용하지 않는 그는 대단히 불완전한 사람일 수 있다.

건강할 때 그는 객관적인 사고를 하게 된다. 그리고 그의 성격적 특징이 어떻게 축복과 죄를 동시에 가져올 수 있는지 알게 된다. 건강하지 않을 때 그는 자신에 대해 초연해야만 한다는 집착을 가지나, 건강할 때 그는 자신에 대해 자연스럽게 초연할 수 있다. 그럴 때 그는 객관성을 가지게 된다. 초연함은 그가 받은 선물인 동시에 죄이다. 그는 초연이라는 똑같은 말로 제일 큰 강점과 약점을 설명할 수 있는 유일한 유형이다.

그의 상징 색깔은 파랑이다. 파랑은 내향성, 휴식, 거리감을 보여주며, 빛을 발하기보다 받아들이는 색깔이다. 성서에 나오는 수호성인은 예수의 모친 마리아와 토마 사도이다. 마리아는 수동성, 수용성 신비적 명상의 측면을 구현한다. 그녀는 주기 전에 받아들이는 능력이 있다. 회의주의자이며 본 것만 믿는 토마 사도에게 예수는 신체적 접촉을 해보라고 요구한다. 사랑 유형들이 공생관계에서 벗어나 진실로 거리를 둘 수 있는 능력을 발전시켜야 하는 반면에 그는 머리에서 몸으로, 사고로부터 행동으로 가야만 한다.

지혜는 세계와 삶의 연관성에 대한 심오한 지식으로서의 사유 뿐 아니라 삶의 경험에서도 얻어지는 것이다. 지혜는 숙고된 경험일 수도 있다. 그는 행동하기 전에 먼저 생각하는 경향이 있다. 또한 부르심을 받는 몫은 하느님의 섭리에 대한 믿음이다. 이것은 지식보다 훨씬 위대한 하느님을 믿는다는 것을 의미한다. 또한 신비로운 것들을 이성의 매스로 해부하기보다 신비자체로 그대로 두는 것이다.

그에게 명상과 기도는 엄청난 힘의 원천이다. 그는 외부 세계에 헌신할 수 있는 용기를 발견하기 위해서 내면세계를 키워야 한다. 그는 사람이 되신 하느님, 인간이 되어 손을 더럽힐 준비가 되어 있는 하느님에 대해 명상해야 한다. 그리스도교 신앙은 방에서 책을 끼고 혼자 있기만 해서는 현실로 옮겨질 수가 없는 것이다. 그리스도 안에서 만져지지 않는 하느님은 육신이 되시며 그 하느님은 인간들을 만짐으로써 인간의 상처를 치유하시는 하느님이시다. 그가 더 이상 머리로 어두운 각본을 쓰지 않고 긍정적이고 밝고 객관적이 되어 행동하는 사람이 될 때 그는 누구보다도 사려 깊고 공정하고 지혜로운 지도자가 된다.

예수의 가르침은 주의 깊게 생각한 후에 나온 것이며 실행에 옮겨졌다. 사람들이 그분을 따를 수 있었던 것은 그분이 자기가 무슨 말을 하고 있는지 알고 계신다는 것을 그들이 느꼈기 때문이다. 산상 설교의 끝부분에서 마태오는 이렇게 기록하고 있다. "예수께서 이 말씀을 마치셨을 때 군중은 그분의 가르침에 매우 놀라게 되었다. 그 분께서는 율사들과는 달리 권위를 가진 분으로서 그들을 가르치셨기 때문이다."(마태 7,28-29)

예수께서는 여러 번 되풀이하여 생각을 정리하고 기도를 통해 중심을 찾기 위해 침묵 속으로 침잠하셨다. 그러나 은둔 그 자체가 목적은 아니었다. 예수는 세계의 무관심한 방관자나 관찰자로 남아 있으라는 유혹에 넘어가지 않았다. 하느님이 그리스도로 현현하셨다는 그리스도교의 가르침은 인간과의 밀접한 접촉을 추구하는 하느님, 그리고 가장 낮을 곳에 임하시는 역사상 최악의 상태에 임하시는 하느님을 계시하고 있다.

그리스도는 지적 오만을 거부하며 자기 생각을 남과 나누기를 거부하지 않는다. 그의 깨끗하고 지적인 얼굴을 보면 지혜서의 말을 떠 올리게 된다. 〈지혜는 비록 홀로 있지만, 모든 것을 할 수 있으며 스스로는 변하지 않으면서 만물을 새롭게 한다. 모든 세대들을 통하여 거룩한 사람들의 마음속에 들어가서 그들을 하느님의 벗이 되고 예언자가 되게 한다. 하느님께서는 지혜와 더불어 사는 사람만을 사랑하신다. 지혜는 태양보다 더 아름다우며 모든 별들을 무색하게 하며 햇빛보다도 월등하다. 햇빛은 밤이 되면 물러서야 하기 때문이다. 그러나 지혜를 이겨낼 수 있는 악이란 있을 수 없다. 지혜는 세상 끝에서 끝까지 힘차게 펼쳐지며 모든 것을 훌륭하게 다스린다.〉 지혜서 (7:27~8:1)

어울리는 일

그는 철학자, 성직자, 작가, 과학자, 법조인, 회계사 등이 어울린다.

질병(공해 등 특수한 환경의 요인에 의한 질병은 예외로 한다.)

그의 지나친 분석과 실수하지 않으려는 유혹, 머리로 쓰는 어두운 각본 등에서 오는 두려움으로 위, 갑상선을 앓을 수가 있다. 또한 두 번째로 쓰는 심장이 그 두려움에 에너지를 줌으로써 심장의 두근거림과 고혈압과 당뇨를 앓을 수도 있다. 그는 두려움을 극복하기 위해서 때로 알코올에 의지할 수 있으며 뇌압이 높을 수도 있으며 머리에 문제가 생길 수 있다.

6) 충실

얼굴

특징

기운	성실한 기운
가치	성실
욕구	공동체를 보살핌
얼굴 눈빛	유순함, 부드러움
태도	충실함
힘의 중심	머리 형
행동 방식	더불어 형

유형설명

그의 생명력은 충실함에 있다. 그는 자신이 속해 있는 공동체를 충실하게 돌본다고 믿을 때 살아 있음과 생명의 기쁨과 평화를 느낀다. 그는 단순하고 사려 깊으며 충실한 사람이다. 그는 사랑하는 가족과 단체에 대해 책임을 다하고 친절하게 보살피는 사람이다. 그는 보살피고 있는 단체나 가족들이 행복해 질 때 쾌활하고 행복해 진다. 그는 구성원 하나하나를 염려하고 지지해주며 성실하고 충실하게 돌봐주는 영적인 사람이다. 그는 자신이 속한 단체를 위해 헌신하며 관대하고 인내심 많고 가진 것을 나누고자 하는 사람이다. 그는 법과 규칙을 준수하며 세상의 소금 같은 역할로써 모든 것들을 연결시킨다.

디모테오 2서(4,7) "나는 훌륭히 싸웠고 달릴 길을 달렸으며 믿음을 지켰습니다."라는 구절은 그들의 삶을 단적으로 표현해 주는 말씀으로서 그들에게 위안을 준다. 그의 충실함에는 다른 유형이 가지지 못하는 겸손함이 있다. 그는 석양 속에 가려진 헛된 망상을 쫓기 보다 현재에 충실하며 겸손한 사람이다. 그는 단체나 자기가 속한 그룹에서 봉사하는 사람이며 진실에 대한 확신을 가졌을 때는 그 진실에 따라 끝까지 충실하게 나아가는 사람이다.

그는 앞에 나서기를 꺼려하며 그저 옳다고 믿는 일을 지지하기 위해서 무엇을 해야 할까를 생각하는 사람이다. 그는 놀라운 재능으로 단체나 사랑하는 사람들을 지지하며 함께 할 수 있는 사람이다. 함께 일하는 팀에 아주 지성적인 그가 있다면 그 단체에는 더 이상 행운이 없을 것이다. 그는 공동체를 위해 무엇을 해야 할지, 어떻게 도우며 어떻게 해야 할지를 아는 사람이다.

그는 천진하고 단순하며 단체의 관심이나 필요에 귀를 기울이며 그가 속한 단체나 가족들이 그의 삶의 중심이 된다. 그는 단체나 가족을 향한 과도한 관심 때문에 그가 보호하고 있는 단체나 가족이 가질 수 있는 위험에 대해서 지나치게 염려하고 기도하는 사람이다. 그는 공동체를 보호하고 공동체가 잘 되기를 바라는 자신의 신념을 따르며 소외된 사람들을 대변하고 그들을 위해 싸우는 사람이기도 한다.

그는 공격적인 사람들과 함께 할 때 혼란을 느끼며 주의가 흐트려질 수도 있다. 그러나 사려 깊은 그는 곧 평정을 회복하고 그들을 이해해 보려고 노력할 것이다. 그는 내면의 지침이나 규칙이 없을 때 자신의 판단이나 생각에 대해 깊이 숙고하게 된다. 사고 중심의 한가운데 있는 그는 너무나 깊이 생각하고 숙고하느라 결정을 내리는데 시간이 많이 걸리며 소심해 질 수 있다.

단순한 그는 무엇이든 간단히 협조하면 풀릴 일들을 사람들이 왜 그렇게 긴장하고 부딪히는 지 이해하기 어려워한다. 그는 항상 내가 없으면 누가 내 가족을 돌볼까? 내가 없으면 누가 이 단체를 잘 돌볼 수 있을까를 걱정한다. 그는 사랑하는 단체나 사람들에게 헌신하며 돌보는데 관심을 가지면서도 그들에게 미흡하지 않을까 걱정한다. 그는 책임을 지고 잘 해 나가면서도 한편으로는 기대를 채울 수 없을지도 모른다는 것을 걱정한다.

그는 때때로 단체를 위한 자신의 생각이 올바른 것인지 아닌지를 의심하며 권위자에게 조언을 구할 수도 있는데 그것은 의존적이어서가 아니라 공동체를 위한 지나친 걱정 때문에 자신의 의견이 보다 보편적이며 타당하고 확실한 것인가를 두드려 보기 위한 것이다. 그는 자신보다 지역사회나 공동체를 보호하는데 더 마음을 쓰며 그의 신념에 반대되는 것들을 위해 혁명적으로 싸울 수도 있으며 희생할 수도 있다.

순종과 신뢰는 그의 덕목이며 그는 권위자의 지침을 신뢰하고 싶어 한다. 지도자로서 그는 모든 일을 혼자 독단적으로 처리하지 않는다. 그는 단체의 의견에 귀를 기울이고 그들이 스스로 결정을 도출해 내도록 유도한다. 그는 단체의 결정이 단체를 행복하고 이롭게 해주는 것이라고 생각될 때 그 결정을 선호한다.

그는 자신의 결정이 반드시 옳아야 하기 때문에 그 결정에 따른 책임에 대해 부담을 느끼는 나머지 지나치게 숙고하느라 시간을 보낼 수 있다. 그에게 실수를 야기 할 수 있는 과감한 행동을 피한다. 그는 단체가 일치되고 평화롭기를 원하므로 불화를 야기 시키는 어떤 결정도 바라지 않는다.

친구의 안전과 행복에 대해서 기꺼이 희생할 수 있는 그는 사람들과 즐기는 것을 좋아하며 사람과의 관계를 중요시 할 수 있다.

어느 충실유형인 그의 이야기를 들어 보자.

〈나의 관심은 모든 사람들의 안전과 확실함을 추구하는 것이다. 안전하지 않으면 확실하지 않으면 두려움이 생긴다. 내가 결정해서 행동하기보다는 상대방이 좋다고 할 때 내 행동에 당위성을 갖는다. 나는 학창 시절에 친구와 함께 학교에 가기 위해서 거의 3년을 매일 그 친구 집에 일찍 도착해서 그 친구가 준비하기를 기다려주고 같이 등교했던 적이 있었다.〉

그가 하는 일은 자신과 더불어 다른 사람들도 다 함께 원하는 것이어야 한다. 그렇게 될 때 그는 행복하다. 그가 신경 쓰고 있는 것은 그가 확실하다고 믿는 사람의 지원일 수도 있고, 자신의 내면에서 올라오는 내부의 지침일 수도 있다. 그는 공동체와 더불어 함께할 수 있는 행복을 원한다.

건강하지 못할 때 그는 걱정하는 경향이 있을 수 있지만, 그렇더라도 그는 에너지와 유머 그리고 경험에 대한 열정을 가지고 있다. 그는 공동체의 사랑을 받게 되고 믿음이 주어질 때 유머와 배려로 공동체를 안전하게 보호하며 한 사람 한 사람을 살피는 지도자가 될 수 있다.

그는 과거 실패의 경험을 곱씹으며 우울해 하거나 슬픔에 빠지는 감정적인 경험을 할 수 있으며 두려움이 생기면 다른 사람과 밀접한 관계를 맺거나 농담을 주고받으며 해소하기도 한다.

그는 안전한 관계를 찾지만 사람들과 친해지는데 시간이 걸린다. 그는 사람을 진정으로 믿을 만하고 자신을 이해할 수 있는지 시간을 두고 관찰한다. 그는 작은 것에 매달려 숙고하는 경향이 있으며 때로 가장 나쁜 결과를 예상하고 걱정하기도 한다.

그는 지원이 없는 상태를 걱정하며 사람과 관계 맺을 때 무척 친절하고 따뜻한 유머와 함께 도움을 줄 수 있으므로 사람과의 관계에 매달릴 수도 있으며, 지나치게 배려하는 나머지 자신의 생각이나 판단은 뒤로 젖혀 둔 채, 상대방의 의견을 따를 수 있다. 사랑이 선물인 유형처럼 그 역시 식당에 가서 밥을 먹을 때조차 상대방의 결정에 따르며 자신이 무얼 먹고 싶어 하는지조차 안중에 없을 수 있다. 그는 공동체를 위해서 혹은 자신이 속한 가족을 위해서 많은 일을 하며 희생적이다.

그는 절차와 의식에 충실 하다는 점에서 장형의 옳음 유형과 아주 흡사하다. 그는 자신이 속한 단체를 위해서는 많은 노력을 할 수 있지만, 자신의 성공이나 발전을 위해서는 별로 노력하지 않는 것 같다.

극복방안

건강하지 못할 때 그는 열광적인 신념, 단체, 명분에 이끌릴 수 있다. 그는 스스로를 반항적이고 권위에 반대하는 사람으로 여기기도 하지만 아이러니컬하게도 권위주의적인 요소가 많은 체제와 단체 그리고 신념에 이끌리기도 하며 단체의 권위가 어떤 결단을 요구할 때 용감해질 수 있다.

그가 용감해 질 때 혹은 신념이 그를 지배할 때 그는 누구도 해 낼 수 없는 일을 해 내기도 한다. 그는 자신의 삶에 뭔가 견고하고 명확한 것이 있다고 믿고 싶기 때문에 자신이 처한 상황을 설명해 주고 받쳐주는 이론이나 관점이 있으면 그것에 이끌린다. 그에게는 안정감이 매우 중요하므로 자신의 신념에 대해 쉽게 의문을 가지지 않으며 다른 사람도 그렇게 해 주기를 원한다.

머리중심의 중앙에 위치한 그는 자아가 가장 많이 작동하는 쪽이 사고 쪽이므로 본질과의 연결이 끊어질 때는 사고 기능이 막혀 있다. 그는 끊임없는 생각과 숙고를 거듭하며 내면의 안내와 접할 때까지 영향을 받는 쪽으로 흔들릴 수 있다.

그런 이유로 그는 어떻게 이야기 되든 그 반대쪽을 동시에 가지고 있을 수 있다. 그는 강하기도 하고 약하기도 하며, 용기가 있을 수도 있고 두려움이 있을 수도 있으며, 신뢰를 가지기도 하고 의심하기도 한다. 공격적이기도 하고 수동적이기도 하며, 생각하는 사람들이면서 행동하는 사람들이다. 사람들과 모이는 것을 좋아하기도 하고, 혼자 있는 것을 좋아하기도 한다.

그에게 구원은 믿음이며, 성인은 아브라함이다. 아브라함은 하느님께 대한 충실한 믿음으로 모든 신앙인들의 어버이가 되었다. 그가 본질과 연결이 되며 자신과 타인을 신뢰할 수 있을 때 누구보다 충실하고 용기 있으며 깊이 영적인 하느님의 자녀가 된다. 그는 충실하고 책임감 있고 부드러운 모습으로 단체를 영성적으로 이끌어 가는 참된 지도자가 된다.

어울리는 일

그는 성실하고 꼼꼼하게 일을 처리하는 교사, 관리직, 기계수리, 종교인, 회계사, 법조인, 교수 등이 어울린다.

질병(공해 등 특수한 환경의 요인에 의한 질병은 예외로 한다.)

그는 머리중심사람으로서 공동체를 보살피려는 자신의 가치가 거부당하거나 행해 질 수 없을지도 모른다는 불안으로 숙고를 거듭할 수 있다. 그는 스트레스 상황을 스포츠로 풀어낼 수 있으나, 지나친 숙고나 걱정이 위를 상하게 할 수도 있고, 지속적인 스트레스 상황에서 또한 두 번째 쓰는 심장이 두려움에 에너지를 줌으로써 심장의 두근거림으로 이어질 수 있으며 머리 형이면서도 심장 형처럼 살이 찔 수도 있고 심장 질환을 앓을 수도 있다. 그는 혈관계 질환을 앓을 수도 있으며 뇌압이 높아 질 수도 있다.

7) 기쁨

얼굴

특징

기운	경쾌한 기운
가치	기쁨
욕구	즐거움
얼굴 눈빛	쾌활함, 명랑한 눈빛
태도	가벼움
힘의 중심	머리 형
행동 방식	확산 형

유형설명

그의 생명력은 기쁨에 있다. 그는 즐겁고 기쁠 때 살아있음, 생명의 기쁨과 평화를 느낀다. 그는 어린 아이일 때부터 명랑하고 즐거운 아이였다. 가볍고 낙천적인 그는 경험하는 모든 것들에 대해 어린 아이와 같은 기대로 가득 차 있다. 그는 지적 호기심이 강하며 무언가 새로운 것을 습득할 때 즐거워진다.

그는 또한 하루 종일 노래 부르며 춤 출 수 있는 순진무구한 한줄기 바람결 같은 사람이며 어린 아이들처럼 누구에게나 격의 없고 친근하게 대한다. 누구에게나 평등하게 대하며 권위적이지 않는 그는 파티에서 와인을 나누다가도 노동자들과 막걸리를 나눌 수 있는 사람들이다. 그는 가볍고 재치 있으며 민첩하고 경쾌하고 생기발랄한 위트나 유머로 주위에 기쁨의 기운을 전해준다.

　그는 모든 유형 중에서 가장 밝고 가볍고 명랑하다. 즐겁고 가볍고 상냥한 그는 옆에 있으면 기분 좋은 사람이며 가장 큰 선물인 순수한 존재의 기쁨을 우리에게 일깨워준다. 그는 천국에 들어가기 합당한 어린 아이 같은 천진함과 단순함을 지니고 있으며 늙어도 어린아이의 얼굴을 가지고 살아가는 꿈꾸는 사람이다.

　실제로 그는 자연 친화적인 꿈을 꾸며 그의 꿈은 매번 총천연색이다. 그는 어릴 적부터 밝고 환한 것을 좋아했다. 이상주의자인 그가 즐겨 쓰는 단어는 "와 멋져! 참을 수 없어." 등이다. 쾌활하고 감각적이며 낙천적인 그는 풍부한 상상력과 생명력을 가지고 삶에 완전히 뛰어들려는 열정을 가지고 있다.

　자유롭고 창의적이며 예술적인 감각과 예민함을 가지고 있는 그는 심각하고 무거운 분위기를 견디기 힘들어 하며, 주위의 분위기가 암울하고 무거워질 때 자신이 무겁고 칙칙한 분위기를 바꾸어 놓아야 한다는 소명의식을 가지고 있다. 가랑잎이 굴러도 웃음을 참지 못하는 그는 어떤 심각하고 무거운 이야기도 가볍고 희극적으로 묘사해 낸다.

　반짝이는 아이디어로 신선한 매력과 기쁨을 안겨주는 그는 자연의 애호가이며, 삼라만상 안에 깃들어 있는 영성을 보는 눈이 있다. 그의 눈은 자신 앞에 펼쳐져 있는 자연 안에서 기쁨과 즐거움을 발견하려는 듯 호기심으로 가득 차 있으며 산에 오르기를 좋아한다.

　모든 유형 중에서 가장 머리가 좋고 창조적인 그는 다재다능하며 예술적인 재능도 함께 가지고 있다. 자유로워야 하는 그의 작품은 자유를 향한 비상 혹은 희망과 비전이 주제일 수 있다. 그는 자신이 추구하고 있는 주제에 대해서 끊임없이 이야기 할 수 있으며, 그의 이야기는 정신적인 것 혹은 영성적인 것들일 것이다.

그의 생각은 곧 다른 생각으로 재빨리 움직여 갈 수 있으며 다방면에 걸친 지식을 가지고 있는 그는 정보를 합성하고 창조적인 아이디어를 내어 놓는데 탁월하다. 그는 특히 어린아이 때부터 언어 구사력이 탁월했다. 모든 생명 에너지에 끌리는 그의 눈은 많은 상징들과 함께 자신과 대상을 정확한 언어구사력으로 표현한다. 자연 안에서 영감을 얻고 쉴 수 있는 그는 다른 이들이 모르는 들풀의 이름들을 많이 기억하고 있을 것이다. 두뇌회전이 빠르고 가볍고 민첩한 그는 무엇이든 빨리 배우며 특히 기억력이 좋다. 그는 한번 먹어본 음식의 맛을 생생하게 기억하고 있으며, 좋은 음식을 찾아 음미해 보는 식도락가일 수 있다. 좋음 음식점이 어디 있는가를 알고 싶으면 그에게 물어보면 된다.

열정적인 성격과 다양한 분야에 대한 호기심, 뭔가를 빨리 배우는 능력들이 그에게 어려움을 만들어 내기도 한다. 머리도 좋고 열정적인 그는 토끼 병이 있다. 요령껏 재빨리 해 놓고 난 뒤 다른 사람들이 따라 올 때까지 낮잠을 즐긴다. 그러나 그의 토끼 병에는 너무 앞서 가면서 다른 이들과 함께 힐 수 없을 때 재미를 잃게 될지도 모른다는 것과 질투의 대상이 되지 않고자 하는 겸허함도 작용하고 있다. 그렇다 하더라도 그는 다양한 것들을 빨리 배우는 재능 때문에 자신이 진정으로 해야 할 일을 결정하는데 어려움을 겪는다. 그가 균형 잡힌 상태가 되면 호기심과 빨리 배우는 능력, 쾌활함 등으로 많은 것들을 성취하게 된다.

순진하고 즐거우며 단순한 그는 생기 넘치는 대화로 공동체를 고통으로부터 보호한다. 그는 어릴 때부터 공동체의 상처에 민감하여 기쁨을 주려 했을 것이다. 그는 아이일 때 흥이 있는 잔치 집에서 제일 기뻐하며 이 방 저 방 뛰어 다니는 아이였다. 그는 공동체를 위해서 비극적인 일도 희극적으로 묘사하며 만사는 괜찮아질 것이라고 생각하고 걱정할 것이 없다는 듯이 표현한다.

밝고 명랑하며 심각해지기가 어려운 그는 심각한 주제나 고민 거리를 길게 가져 가지고 가기가 힘이 든다. 그를 힘들게 하는 주제에 대해서 어느 정도 깊이 생각해 보는 시간을 가질 수 있지만 그는 그 고민을 길게 가져갈 수 없으며 어떤 결론에 도달할 때 그 고민을 끝낼 것이다. 그리고 결론에 따라 뒤돌아보지 않을 것이다.

아픔과 상처에 가장 여리고 민감할 수 있는 그는 지속적인 스트레스 상황에 놓일 때 스트레스를 풀어 줄 수 있는 어떤 것에라도 매달리게 되며 중독에 빠져 들 수 있다. 그가 어린아이라면 컴퓨터 중독에 빠져들 수 있겠고, 성인이라면 알코올 중독에 빠져들 수 있다.

가볍고 즐거워야 하는 그는 그의 스트레스상황을 끊어줄 수 있는 그림 그리기, 뜨개질, 꽃꽂이, 정원 가꾸기, 산을 오르는 일, 글쓰기 그리고 테니스 같은 운동이 좋은 약이 될 수 있다. 그는 공동체 중심이며 어떤 사람들과도 함께 잘 지내고 싶지만, 고민 끝에 아니다라는 결론에 도달하게 되면 다시는 뒤 돌아 보지 않을 것이다. 그렇더라도 그는 관계를 끝냈다는 것을 요란하게 드러내지는 않을 것이다. 평화가 선물인 이들이 갈등이 힘들어 자신의 마음을 드러내지 않는다면, 기쁨이 선물인 그는 기쁨을 깨는 아픈 상황을 피하기 위해서 자신의 마음을 드러내지 않을 것이다.

 창의적이고 예술적이며 예민한 자신의 창의적인 재능을 맘껏 펼쳐 보일 수 있는 자유로운 환경을 원하지만, 공동체 중심이기도 한 그는 부모의 욕구를 충족시켜 주기 위해서 자신의 욕구를 접고 웬만하면 부모의 뜻을 따르려 했을 것이다. 그러나 길게 자신을 구속할 수 있는 고통에 노출 될 때 그는 그의 예민함과 민감성으로 인해서 정신과적 문제를 일으킬 수 있다.
 항상 기쁘고 즐거워야 하는 그에게는 호감을 나타내 줄 수 있고 자신의 이야기를 들어 줄 수 있는 한 두 사람의 친구가 필요하며, 자신의 정감을 표출 할 수 있는 애완동물을 필요로 할 수 있다.

 그는 사람들을 격의 없이 대하며 친절하게 응수하고 친한 친구들과는 오랫동안 그들이 좋아하는 주제를 가지고 길게 얘기 할 수 있다. 이상주의자들인 그는 한 두 사람을 친구로 가지고 있을 수 있으나 매여 있기는 싫어 할 수 있다. 모든 유형 중에서 상처에 가장 예민하고 민감한 그는 아픈 이들. 특히 장애자들에게 한없는 동정심을 가지고 다가간다. 그러나 자신을 구속하는 어떤 것에도 매이고 싶지 않는 그는 인간관계에서 오는 끈끈함과 치근댐을 견디기 힘들어 하므로 거리 두기를 할 것이다. 이들은 자유로워야 하며, 항상 새롭고 흥미 있는 곳을 향해 눈을 돌릴 수 있다. 이들은 자유와 만족감을 주는 어떤 곳이든 쫓을 것이다.

 건강하지 못할 때 그는 재미있는 것만을 찾다가 중독에 빠져들 수 있다. 그는 가끔 산만하며 자신이 좋아하는 것만 찾아 다닐 수 있다. 그는 강렬한 경험을 원하기 때문에 더 푸른 풀밭을 찾아 가고자 하는 욕구와 지금 갖고 있는 것을 잃을지도 모른다는 두려움 사이에서 갈등하는 경우가 있다.

그는 자신감이 있을 때 가볍고 세련되어 있고 매력적이다. 그는 호기심과 기대를 안겨줄 것들 앞에서 밝아진다. 사고 형인 그는 사막에서 끊임없이 오아시스를 만들어 내어 다른 이들에게도 생명의 꿈을 꾸게 해주고 싶은 꿈의 마술피리를 부는 사람들 같다.

그는 삶에서 자신이 원하는 것들을 이루어 내려고 전략적으로 생각하고, 자신의 내적 외적 자원을 재빨리 조직할 수 있다. 그는 계획을 세우고 숙고할 수 있으나, 평범하고 권태로운 일 앞에서 좌절한다. 그는 너무 심한 압박을 견디지 못하며 진행하던 일들을 계속 할 수가 없다. 그는 아이디얼리스트일 수는 있으나, 따분한 경리일 같은 반복되는 일상은 견디기 힘들 것이다. 그는 계획을 세우고 인생을 설계하는 것을 즐긴다. 상상의 날개를 펴고 계획을 세우는 일이 너무나 즐거운 일이어서 시간가는 줄 모른다. 그러나 그는 그 계획을 세울 때만 즐겁다. 그에게는 그가 세운 계획이나 아이디어를 조합하고 실행해주는 참모가 필요할 수 있다.

그는 신선하다고 여겨지는 사람들에게, 혹은 호기심을 불러일으키는 대상에게 일시적으로 매혹될 수 있으며 그 대상에게도 그러한 감정을 불러일으킬 수 있다. 생각이 빨리 움직여 가는 그는 건강하지 못할 때 인간관계에 문제를 일으킬 수 있다. 그는 애정관계에서 변덕을 부릴 수 있으며 어떤 일에나 사람에게 묶이는 것을 두려워하고 애정이 시작되는 단계에서의 격렬한 감정만을 즐기는 경향이 있다. 그는 새롭고 감각적인 것에 잘 빠지면서도 곧 싫증을 낼 수 있다.

극복 방안

그는 상처나 감정에 특히 민감하므로 고통에 대처하는 힘이 부족할 수 있다. 그는 부정적인 이야기나 아픈 얘기들을 길게 듣고 있을 수도 없고, 표현하기도 어려워한다. 그는 사교적이며 호감을 주는 이들이지만, 관계 안에서 부정적인 것들을 감당하기 어려워한다. 그가 건강하지 않을 때 신경증에 시달릴 수도 있으며 소심한 나머지 신경증적인 지나친 완벽 추구와 결벽증을 잃을 수가 있으며, 우울증에 시달리기도 한다. 그는 거칠고 생각 없이 행동할 수 있고 먹고 마시는 데에 빠져서 건강을 해칠 수도 있다.

그는 고통을 피하고자 한다. 그는 간혹 모든 머리중심들이 그렇듯이 안전에 대한 두려움 때문에 비겁해 진다거나 지나치게 전략적일 수 있다. 이러할 때 그에게 주는 메시지는 두려움을 극복할 수 있을 만큼 믿음과 신뢰를 가지고 강해지라는 것이며, 그의 영성대로 올곧게 행동하라는 것이다.

사고 형인 그는 매우 영성적일 수 있다 그는 영적인 것에서 의미를 찾으며 자연 안에 깃들인 신의 얼굴을 찾고자 한다. 그의 성령의 열매는 기쁨이다. 기쁨은 삶의 어두운 대가를 치르지 않고는 오지 않으며, 진지한 기쁨은 삶의 모든 난관들을 직시하고 그것들에 맞부딪히고 견뎌내면서 오는 기쁨이나, 거짓 이상주의는 현실을 부정하지 않으면 안 된다. 십자가 없는 부활은 없다. 삶의 난관에도 불구하고 시편을 노래하는 사람들은 절명의 순간에도 하느님을 놓지 않는다. "죽음의 그늘진 골짜기를 간다 해도 주님 함께 하시니 두려울 것 없나니……"

피상적인 낙천주의와 뿌리가 깊은 희망의 차이는 진지함에서 드러난다. 이것이 하느님께서 약속하신 유일하고 진실한 기쁨이다. 그가 진지함을 회복하고 깊이 기도할 수 있을 때 그는 정확한 하느님의 언어로 복음을 전파하는 사랑의 선교사가 된다.

예수께서는 가나에서 벌어진 혼인 잔치에서 (요한 2,1-11) 그분은 축하연에 온 많은 손님들에게 엄청나게 많은 포도주(약 6백 리터!)를 베풀어 주신다. 빵 몇 개로 많은 사람들을 먹이신 기적 이야기 (예 : 요한 6,1-15)는 예수께서 영성적 행복만큼이나 육체적 행복에 대해서도 관심을 기울이셨다는 것을 보여준다.

그러나 그분은 돌아가시기 전에 당시 마취제로 사용되었던 쓸개를 섞은 포도주를 마시지 않으셨다고 성서는 기록하고 있다. 그분은 육체적이며 정신적인 고통을 겪으셨고, "나의 하느님, 어찌하여 나를 버리셨습니까?"(마태 27,34.46) 라고 고백하기까지 끝에 가서는 하느님과 멀어지는 깊은 고통을 견디셨다. 예수께서 체험하시고 고통 받으셨던 이 최악의 상태는 부활의 기쁨으로 가는 통로이다.

어울리는 일

그는 기발한 아이디어와 열정으로 진행하는 이벤트회사, 광고기획, 마케팅, 예술인, 지휘자, 주식 관련업이 어울린다.

질병(공해 등 특수한 환경의 요인에 의한 질병은 예외로 한다.)

그는 모든 유형 중에서 가장 머리 회전이 빠르므로 그가 지나치게 머리를 쓸 때 모든 유형 중에서 가장 예민해지며 불면증과 신경증, 노이로제 등을 앓을 수 있다. 그는 상처에 있어서도 가장 심하게 타격 받음으로써 그는 그 상처를 잊고자 상처가 지속적일 경우 중독에 빠져들 수 있다. 그는 특히 알코올 중독을 조심해야 한다. 그는 스포츠 등에 빠지는 것이 건강에 이로우나 머리중심인 그는 승부에 빠질 때 스포츠에 열광하면서도 위를 앓을 수 있다. 그는 이성적이나 의외로 급한 성격을 가질 수 있으며 고혈압을 앓아 뇌압이 높을 수도 있으며 기쁨이 필요한 그는 삶에 기쁨이 없을 때 골다공증 등 뼈에 관한 병을 앓을 수 있다. 그의 골다공증은 자연과 함께 등산 등으로 극복할 수 있다.

8) 강함

얼굴

특징

기운	든든한 기운
가치	강함
욕구	사회적 변화
얼굴 눈빛	강함, 단호한 눈빛
태도	솔직 단백
힘의 중심	장 형
행동 방식	확산 형

유형설명

그의 생명력은 강함에 있다. 그는 자신이 정의롭게 돌아가고 있고, 특히 자신의 판단아래 모든 일이 자신의 손 안에서 움직여진다고 판단될 때 살아 있음과 기쁨 평화를 느낀다. 그러나 그는 장형으로서 합리적이며 자신의 때를 기다릴 수 있다. 그는 말을 배우기 시작하는 아기 때부터 혀도 잘 돌아가지 않는 귀여운 목소리로 명령조의 말투부터 배운다. 그는 아기 때부터 자신의 일뿐만이 아니라, 주위의 일조차 자신이 결정하고 명령을 내리기로 했다. 그는 결정하는 사람이다. 그는 힘이 있고 결단력이 있으며 솔직하고 단순하다. 자신감이 있고 정의와 진실을 느끼는 감각을 가지고 있으며 어디에 불의가 있는지, 또 어디에 부정이 작동하는지 본능적으로 알 수 있는 제 2의 감각을 가지고 있다. 그는 그러한 상황들을 공개적으로 말한다.

그는 타인들에게 바위처럼 믿음직한 사람이 될 수 있으며 엄청난 책임감과 배려하는 마음으로 대의명분이 생기면, 그것을 지키기 위해 자신의 힘을 모두 쏟을 수 있다. 그는 잘못된 체제나 사람들과는 맞선다.

그는 강하고 확고하며 흔들리지 않는 자세로 사회정의나 사회의 억압상황을 위해 일하는 도구가 됨으로써 자신에게 권위를 부여하고 싶어 한다. 그는 정의나 공정하다고 판단되는 것들을 지키기 위해서 죽음까지도 불사하겠다는 단호한 태도를 보인다. 그는 때로 갑작스럽고 폭발적인 태도를 보이기도 하나 때가 아니라고 생각하면 물러설 수 있고 자신의 때를 기다릴 수 있다.

정직하지 못한 행동과 거짓된 강함을 폭로하는 이들의 끊임없는 능력에 힘입어 그들 중에는 영향력 있는 정신 치료 전문가나 영성 지도자가 되었다. 그는 거짓된 이미지를 뒤엎고 진짜 드러나야 할 것을 드러나게 할 수 있다.

잘 성장한 그는 다른 유형들 이상으로 다른 사람들을 이끌어 진정한 잠재력을 계발하도록 도울 수 있는 재능이 있다. 그는 사람들이 기꺼이 그의 지도력을 믿도록 만들고 어디든지 따르도록 만든다. 그는 시작한 일을 끝까지 힐 것이라고 느낀다.

그는 일의 과정에서 급진적인 성향을 보이며 자신 이외는 아무도 해낼 수가 없다고 믿고, 착하고 순응하는 사람이 되는 것이 아니라 힘세고 저항하며 규칙을 위반하는 사람이 된다. 그는 명령을 받기보다 명령을 내리는 사람이다. 그의 근본적 경험은 삶은 위협적이고 적대적이라는 것 그래서 믿을 수 있다는 증거가 나올 때까지는 단순하게 남을 믿을 수 없다는 것이다.

그는 인내심이 많고 고통에 영웅적으로 맞선다. 정의를 위한 투쟁은 그의 힘일 뿐 아니라 유혹이기도 한다. 그래서 그는 용서가 힘이 들 수 있으며 복수할 수도 있는데 정의에 대한 이들의 개념이 "균형을 잡는 것"이기 때문이다. 그에게 복수는 정의의 저울을 평형 상태로 되돌려 놓는 방법이다.

그는 전부 아니면 전무를 원할 수 있으며 이 때문에 자신 속에서 최대의 적을 발견하고 죄의식을 직시할 때 더 이상 자신을 믿을 수 없게 된다. 그러나 일반적으로 그는 죄의식을 별로 느끼지 않을 수 있다.

그는 부모에 대해서도 반항적일 수 있으며 어느 정도까지 가면 야단을 맞는지 시험해 보고 싶어 한다. 그는 위선과 불의라고 생각되는 모든 것에 맞선다. 그는 거짓 권위자나 계급을 지지하지 않는다. 그는 정의와 진리에 대한 열정 때문에 흔히 억압 받는 사람들, 무방비한 사람들 약자 편에 선다. 그러나 그가 권력을 잡게 되면 정작 자기 행동이 남에게 위협적이란 걸 깨닫지 못한 채 아랫사람들을 억압하고 매정하게 대한다는 느낌을 줄 수도 있다. 그는 분노를 즉각적으로 그리고 직선적으로 표현해 놓고 자신은 일을 계속하나 그의 분노에 희생된 사람은 대개 그것을 그렇게 빨리 극복해내지 못한다.

그가 장난이라고 여기는 공격의 즐거움은 다른 이들에게는 때로 공격적인 행동으로 보일 수 있다. 하지만 공격적인 그들의 행동은 실제로는 접촉을 성사 시키는 하나의 형식이다. 그는 종종 반대파의 체면을 여지없이 깎아 내린다. 그는 불명확한 메시지를 싫어하며 누가 친구인지 적인지 알아야 한다. 그는 흔히 카드놀이와 경쟁적 스포츠에 뛰어난데 왜냐하면 남들의 약점을 즉각적으로 느끼고 아무 망설임 없이 그것을 이용하여 이길 수 있기 때문이다.

그는 항상 자신은 결백하다고 믿고 있으며 자신처럼 힘 있게 대항 할 수 있는 맞수에게 존경심을 갖고 있다. 그는 무력함, 허약함, 예속을 회피한다. 그는 약자를 보호하지만, 겁내는 것과 연약함을 경멸한다. 그는 모든 면에서 심하게 공격을 할 수 있다. 그것이 그의 어두운 면이다.

그는 어릴 적부터 '두려움'에 대한 기억을 가지고 있지 않으며, 귀신을 두려워하지 않았다. 그는 그보다 힘센 이에게 굴복한다는 생각을 해 본 적이 없으며, 인간이란 위도 아래도 없이 모두 평등하다고 생각하기 때문에 특별히 자신의 힘을 남용해서 약한 사람에게 해를 입히는 것이 용서되지 않는다.

그는 어릴 적부터 불의를 보고 참지 못하는 성격을 가지고 있지만 그의 때가 아니라고 생각하고 일일이 니서지는 않았다. 그러나 괴롭힘을 당하고 있는 약자를 위해서 개입했던 기억을 많이 가지고 있을 것이다. 특히 자신이 약자 취급을 받으며 폭행을 당했을 때 그는 참지 못했다.

강함이 선물인 그의 고백을 들어보자.

〈중학교 시절, 세 명의 친구들과 함께 밤에 길을 가다가 반대편에서 한 무리의 십대 청소년의 아이들이 오고 있었다. 왠지 느낌이 불량배들 같아서 그냥 모른척하고 지나가려 하는데 한 아이가 자신의 입안에 있던 음식물을 내 얼굴에 확 뱉는 것이 아닌가……. 그 순간 눈앞이 캄캄 해졌던 것 같은데 잠시 정신을 차려보니 그 무리들을 향해서 돌진을 하며 나에게 해를 입힌 그 아이를 향해 정신 없이 팔을 휘두르고 있는 나를 발견했다. 지금도 나는 그때 내가 당했다는 사실이 억울하기 보다는 내가 힘이 없어서 그 불량배들을 흠신 패주지 못하고 그냥 보냈다는 사실이 너무 억울하고 분했던 기억이 난다.

고등학교 시절 나는 사람들이 말과 행동을 다르게 한다는 것에 대한 회의와 함께 힘 있는 자와 약한 자들의 약육강식이 존재하며 세상이 에너지 쟁탈전들을 벌이고 있다는 것을 알았다. 공부를 잘하는 아이들은 선생님이나 아이들에게 대접받으며 잘못도 그냥 넘어가고, 공부를 못하는 아이들은 무시를 당하고 인격까지 낮게 보는 현실에 대해 나는 그냥 무심히 넘어 갈 수가 없었다. 그래서 괜히 온갖 고민을 다 안고 있는 것처럼 말도 안하고 과묵하게 있다가, 우등생이라고 하는 아이들이 쉬는 시간 뒤에서 모여 떠들고 있을 때, 다른 아이들은 말도 못하고 그냥 참고 있었지만 나는 "시끄러워 조용히 해"하면서 큰 소리로 야단 치듯이 소리를 꽉 지르기도 했다.〉

그는 불의나 정의롭지 못한 체제에 맞서 대항하려는 무의식적인 욕구를 가지고 있다. 다시 어느 주부의 고백을 들어보자.

〈횡단보도에서 길을 건너려고 하는데, 안마시술소 차 한 대가 바로 횡단 보도의 한복판에 서서 전기 줄 설치를 하느라 사람들이 설 자리도 지나갈 공간도 없게 만들고 있었다. 더군다나 운전자는 그러한 상황에 대해 전혀 미안한 마음도 없이 태연한 얼굴을 하고 있었다. 사람들이 길을 건너기가 불편할 것 같아서 "아저씨 차 옆으로 조금 빼 주세요." 했더니, 다짜고짜 "언니는 신경 쓰지 말고 그냥 가!" 하는 게 아닌가. 순간 나는 차를 주먹으로 쾅쾅 치면서 그의 부당함을 조목조목 따졌다. 어느 새 횡단보도 주변에 사람들이 모이고 평소 말도 못하고 바라보고 있던 주변 가게 사람들도 나와서 속 시원하다는 듯이 바라보고 있었다. 나중에 남편이 그 일을 알고 제발 좀 성질 죽이고 조심 좀 하라고 걱정을 했는데 평소에 웬만하면 남의 일에 간섭을 잘 안 하던 내가 그 땐 왜 그랬는지, 아마도 내 의지와는 상관없이 너무 부당한 것에 대해서는 그냥 지나치지 못하고 저절로 어떤 행동이 나오는 것 같다. 아무튼 그 이후로 그 차가 횡단보도에 세우는 일 없이 주변에 잘 정차되어 있는 것을 보며 그 때 내가 참 잘했다는 생각을 한다.〉

그는 실제로 두려움이 없고 힘이 있으며 고통 받는 약자를 보호하며 의롭게 행동하지만, 상황이 불리해 질 때 그는 자신이 가지고 있는 힘의 한계를 부정할 수 있다. 그는 자신이 맺은 약속이나 말을 부정할 수 있으며 자신의 약점이나 잘못을 다른 이의 탓으로 돌릴 수 있다.

건강하지 못할 때 그는 티인을 소유하고 억압할 수 있으며 사람들을 억압하면서노 솔직함의 귀감으로 자신을 묘사할 수 있다. 왜냐하면 그의 내면은 자신이 실제로 솔직하다고 느끼고 있기 때문이다. 스스로 결백하다고 느끼는 그는 자신이 지키지 않는 도덕성을 다른 이에게 아주

수준 높게 요구하기도 한다.

이러한 이유로 그는 다른 사람들이 보기에 엄격한 도덕주의와 관대한 방임주의를 오락가락 하는 것처럼 보인다. 그는 실제로 매우 관대할 수도 있고 자신의 실수에 웃을 수 있는 단순성과 부드러움도 가지고 있으며 약자를 보호하고 돌본다.

그는 사회정의를 위해 헌신하며 그가 있으므로 사회는 발전해 나갈 수 있다. 그런 의미에서 그는 이 사회에 참으로 필요한 사람이며 실제로 그의 내면은 사회의 진정한 변화를 꿈꾼다. 그는 자신이 정의롭지 못하고 진실하지 못하다는 생각이 들 때 죄의식을 느낀다.

그는 긍정적인 삶의 욕구를 가지고 있으며, 가능한 곳에서 힘의 소유권을 주장하고 그것을 확장시키고 싶은 욕구를 가지고 있다. 그는 자신의 주변 상황을 손바닥을 보듯 훤히 알고 있기를 바라며, 기만 당하거나 추월 당하면 화가 난다. 그는 어떤 것이나 모두 점검해 두려는 욕구를 가지고 있다. 그는 자신의 소유물들과 다른 사람들을 통제할 필요를 느낀다.

그는 스스로 종속되지 않으면서도 제한하기를 원한다. 그래서 그가 사랑에 빠질 때에는 문제가 생긴다. 애정 관계에서는 최소한의 적응이 필수적이다. 타협이 있어야 하며 개인적인 이해관계는 희생되어야 하지만 그는 종속되기를 거부한다. 또한 그에게 종속되어 복종하는 파트너들은 그를 실제로 행복하게 만들 수가 없을 것이다. 왜냐하면 그가 유일하게 존중하는 사람들은 자기 주관이 뚜렷하고 저항할 줄 아는 사람들이기 때문이다.

극복방안

그의 선물은 결백함이다. 그는 자신의 영혼 속에 있는 무방비의 어린아이에게도 좋은 일을 하는 것을 배워야 한다. 그의 내면에는 보이는 모습과는 달리 엄청나게 나약하고 무방비 상태의 어린 아이가 있다. 그는 자신의 내면 안에 숨어 있는 어린 아이를 타인에게서 발견하고 보호해 주려고 한다. 그는 때로 자신의 울타리에 있는 아이들을 완벽하게 보호해 주는 보호자가 된다.

그러나 자신의 나약한 내면은 자신의 약점을 의미하므로 나약함을 부정한다. 그의 나약함은 평생을 통해 기껏 한 두 사람에게만 보여 주었을 것이다. 사람들에게 정직함을 요구하고 정직하지 못한 행동을 즉시 폭로하는 그는 자신에게도 정직함을 요구하는 것을 배워야 한다.

건강하지 못 할 때 그는 자신에게도 타인에게 너그럽지 못한다. 오로지 진리와 진실과의 만남이 그를 자유롭게 할 수 있다. 그의 과제는 힘의 문제를 직시하는 것이다. 그는 자기가 힘으로 남들을 무시하고 모욕하고 위협하고 있지 않은지 주시해야 한다.

건강할 때 그는 남을 지배하지 않고, 자신의 힘과 생명력으로 남들을 돌보고 보호할 수 있다. 그럴 때 그는 누구보다도 진정한 힘으로 개인과 사회를 성장시킬 수 있다. 그러나 그렇게 되기까지 그는 자신이 틀릴 때도 있고, 용서를 구할 때도 있다는 것을 인정해야 한다. 그렇게 하는 것이 약함이 아니라 진정한 강함이라는 것을 깨달아야 한다. 그가 자신의 진정한 힘을 회복하고 자신의 힘을 사회정의를 위해 쓸 수 있을 때 그는 누구보다도 개인과 사회의 발전을 위해 기여 할 수 있을 것이다.

어울리는 일

그는 사회적 변화를 원하며 변화의 바람을 일으킬 수 있다. 그는 정의를 위해 일하는 사제단일 수 있고, 수도승일 수 있으며, 사회사업가. 운동 선수, 기업인, 정치인, 토크쇼 진행자가 어울린다.

질병(공해 등 특수한 환경의 요인에 의한 질병은 예외로 한다.)

그는 대체로 건강하게 태어나나 그가 욕심을 부릴 때 비만해 질 수 있으며 심장병과 고혈압을 앓을 수 있다. 그러나 좋지 않은 심장과 비만에도 불구하고 그에게 당뇨는 잘 오지 않는다. 그는 그의 건강을 과신하여 먹고 마실 수 있으며 간을 다치게 되기도 한다.

9) 평화

얼굴

특징

기운	편안한 기운
가치	공평함, 평화
욕구	공평한 사회적 변화
얼굴 눈빛	평화로움, 심지 있는 눈빛
태도	느긋함
힘의 중심	장 형
행동 방식	응축 형

유형설명

그의 생명력은 평화에 있다. 그는 모든 일이 공정하게 돌아가 모든 이들이 평화롭다고 판단될 때 평화로운 일상에서 살아있음과 생명의 기쁨 평화를 느낀다. 그는 아이 때부터 아이 돌보는 사람들에게 평화와 안정을 주었다. 감정에 좀처럼 휘둘리지 않는 그는 조용하며 중심이 잡혀있고 침착하다. 사람을 편견 없이 대하는 그는 특히 사람을 편안하게 해 주는 능력이 있다. 세상이 공평하게 돌아가야 편안한 그는 영화 〈죽은 시인의 사회〉에 나오는 선생님일 수 있다. 그는 따돌림을 당하고 있거나, 가난한 아이들의 아버지가 되어 줄 수 있을 것이다.

그는 특히 인내심이 강한데, 그의 인내심은 고요한 힘과 엄청난 지구력에 의해 유지된다. 그는 일이나 인간관계의 어려움 속에서도 끝까지 버텨서 해내는 힘이 있다. 건강할 때 그는 자신의 목표를 향해 꾸준히 인내심을 갖고 일한다. 그는 본능 중심의 중앙에 위치한 만큼 의지와 힘을 가지고 있다. 그렇더라도 그는 평화를 깨는 갈등상황을 피하려는 유혹을 받는다.

넬슨 만델라도 평화 유형이다. 그는 27년간의 긴 옥고를 치르면서도 인종차별을 위한 투쟁 의지를 꺾지 않았다. 석방 뒤에도 그는 평온한 사회로의 이행을 추구한 공로를 인정받아, 노벨 평화상을 수상했으며, 남아프리카 최초의 흑인대통령에 당선되어 46년간에 걸친 아파르트헤이트 시대를 마감시켰다.

그는 내면의 안정에서 오는 엄청난 힘이 있기 때문에 위기상황을 다루는데 있어서 아주 뛰어나다. 삶의 기복뿐만 아니라 삶의 문제, 좌절, 재앙들도 그의 균형을 깨지는 못한다. 모든 사람들이 불안 때문에 지나친 반응을 할 때에도 그는 조용하고 차분하게 그 순간에 해야 할 일들을 해 나갈 것이다. 그의 침착성은 가혹한 현실 앞에서 특히 죽음 같은 큰일에 직면할수록 더욱 더 침착하고 차분해 지는 것으로 드러난다. 그의 침착성은 그에게 힘을 주고 그가 가지고 있는 내면의 힘은 그를 더욱더 침착하게 만든다.

그는 위기 상항에서 더욱 차분해 진다. 황우석 박사도 평화유형이다. 그가 줄기세포 사건으로 검사들에게 조사를 당할 때 당시 그를 심문했던 검찰들은 황 박사에게는 거짓말 탐지기도 소용이 없었으며, 그의 마음속에서 도무지 무슨 일이 일어나는지 알 수가 없었다. 라고 말했다.

태연자약함과 침착함으로 가혹한 현실에 반응하는 그는 협박을 당할 때조차 태연하고 냉정할 수 있어서 그를 시험하는 사람들을 부끄럽게 할 것이다. 황 박사를 취조한 검찰은 그가 취조 중에 보여 주었던 태연자약함을 보고 기인행각으로 표현한 바 있다.

우주적인 실재와 깊은 일체감을 가지고 있는 그는 본질적으로 현실을 파악해 내는 균형 잡힌 이해로써 인생에서 일어나는 일들과 조화를 이루고 있다. 단순하고 정직하고 소박한 그는 인생의 어떤 기복에도 영향 받지 않고 해야 할 일들을 해 나갈 것이다. 천진난만한 그는 여유가 있고 오히려 평화로울 때 작은 일 앞에서 유머도 있고 과한 표현을 해 보일 수 있으며 장난스러워 질 수 있다.

그는 사람을 있는 그대로 편견 없이 받아들이며 긍정적이다. 이러한 그의 성격으로 인해 그는 부당하게 오해 받고 있는 약자 편에 서서 그를 옹호해 주고 다른 이들이 그에 대한 정당한 평가를 내릴 수 있도록 도와 줄 수 있다. 내면의 단호함과는 달리 그는 다른 이들에게 강요하지는 않는다. 사람을 있는 그대로 받아들이고 강요하지 않는 그의 태도는 주위 사람들에게 편안함을 준다. 그는 부드러움과 확고부동함, 진실함으로 상대방을 무장 해제 시키는 힘이 있으며 상대방의 노여움도 가라앉힐 것이다.

느리지만 확실한 그는 자신의 일을 어떻게 이루어 나가는지 알고 있기에 서두를 필요가 없다. 재능이 없다고 생각되는 그이지만, 그가 마음먹고 행동하게 될 때는 핵심을 찌르는 결정을 내리고 탈선했던 모든 제도를 다시 제 궤도로 되돌려 놓을 수 있을 것이다. 그는 침착하고 차분하게 자신의 영역을 고수하고 있기에 상황을 보는 윗자리에 있을 것이다.

동기가 순수하고 간특하지 않은 그는 남들 앞에서 자기 재능을 과시할 만큼 자신이 중요하다고 여기지 않는다. 그는 남의 이목을 끌려고 시도 하지 않으며 조용히 왔다가 조용히 사라질 수 있다. 그는 특별히 욕심이 없으며 공평함과 정의로운 분배에 대한 감각으로 재화에 관한 한 자신의 이익을 추구하지 않으려는 특징이 있다. 그는 돈에 관한 한 유일하게 안심하고 맡길 수 있는 유형이다. 그는 우주와의 연결을 갈망하는 구도자일 수 있으며 세상에서 조화와 평화를 이루기 위해 내면에 평화를 간직하고 있다.

사람에게서 좋은 것만을 믿는 그는 단순하고 순진하며 솔직하고 악의가 없으므로 사람들도 그를 신뢰한다. 평화 유형을 특별히 에니어그램의 왕관이라고 불리는 이유는 그는 특이하게 때 묻지 않은 인간의 본질을 보여주기 때문이다.

그는 아이디어나 재능이 없지는 않으나 거론해 보아야 소용없다고 여기고 그냥 신의 섭리에 맡겨 버리려는 유혹을 받는다. 그는 아마도 어릴 때부터 사람들에게 강요하지 않으면서 자신의 아이디어를 그냥 자신 안에 묻어두었던 경험을 가지고 있을 것이다.

그는 운명론자일 수 있으며 그가 모든 것을 신의 섭리에 맡겨 버릴 때는 아무 일도 일어나지 않는다. 그는 웬만하면 평화를 깨는 갈등 상황을 피하기 위해서 자신의 뜻은 묻어 둔 채, 대중의 뜻이 우세하도록 하며, 상대방의 뜻에 맞추어 주고 싶어 할 것이다. 그는 상대방의 이야기를 상대방에게 주파수를 맞추어 편견 없이 들어줄 수 있는 유일한 사람이며 그런 이유로 그는 그를 대하고 있는 모든 이들에게 편안함을 준다.

그는 화를 잘 인식하지 못한다. 그다지 큰 욕구를 가지고 있지 않은 그는 나도 좋고 다른 사람도 평화로우면 괜찮다라고 생각하며 자신의 욕구는 잘 인식하지 못한 채, 다른 사람들을 지지해 주고 잘 맞춰 준다. 그는 모두가 잘 지내고 평화로우면 좋겠는데 사람들은 어떻게 그렇게 사소한 일에 매달리고 집착하며 야단법석을 떠는 지 이해하지 못한다.

어릴 때부터 내면의 평화를 간직하고 있는 그는 "아, 사람들은 이럴 때 화를 내는구나, 이럴 때는 화를 내는 거구나."라고 자신에게 일러두기까지 화를 잘 인식하지 못했다. 이러한 그의 성격으로 인해 그는 살아오면서 〈무던하다. 착하다.〉라는 말을 많이 들었을 것이다.

내면에 고요와 평온함을 간직하고 있으며 모든 일을 있는 그대로 수용하는 그는 다른 이들에게서 그다지 영향 받지 않으며 중심을 잃지 않고 자신의 일에 몰두할 수 있다. 그는 삶의 어둡고 힘든 질곡 속에서도 평온을 잃지 않으므로 그의 얼굴에는 힘들고 어려운 일을 겪은 사람들에게서 읽을 수 있는 구차스러움이 보이지 않는다. 상태가 좋을 때 그의 얼굴은 환하고 평온해 보이겠고, 상태가 좋지 않아도 덤덤해 보일 것이다.

그는 공평함에 대한 감각을 지니고 있기 때문에 평화와 정의를 위한 헌신적인 투사가 될 수 있다. 그가 지도자가 될 때는 구성원이 함께 자라나는 시기이다. 그는 구성원 한 사람 한 사람이 지도력을 가질 수 있도록 고무시켜주며 구성원들 각자가 가진 권한 내에서 독자적으로 권한을 행사하도록 허용한다. 그는 구성원 각자가 맡은 일을 자율적으로 할 수 있도록 간섭하지 않을 것이다.

사람에게서 좋은 것만을 보고 사람에 대한 믿음을 가지고 있는 그는 웬만하면 긍정적으로 해석하고 이해하므로 따뜻하고 부드러우며 친절하고 관대할 수 있다. 순진하고 천진난만하며 악의가 없는 그는 모두가 자기처럼 착하고 때 묻지 않았을 것이라고 믿고 있으므로 기회주의 자들에게 종종 이용을 당한다.

그는 장형으로서 책임과 의무를 중시하므로 자신이 연루된 일에 있어서 과하게 책임을 떠안으려는 경향이 있으며, 그의 포용력과 폭넓은 이해는 다른 사람들로 하여금 어떻게 해도 받아들여 질 것이라고 믿도록 만든다. 사람들은 그의 이러한 믿을만한 기질을 이용해서 그에게서 부당한 이득을 챙기기도 한다. 그는 사람들이 자신의 기질을 이용하여 부당한 이득을 취한다는 것을 감지했다 하더라도 아무 감정 없이 수용하고 견디어 나갈 것이다. 그런 이유로 사람들은 그의 마음을 전혀 눈치 채지 못한다.

그는 기회주의자들이 자신에게서 이득을 챙기도록 내버려 둘 수 있으며 언젠가 상대가 변화되리라고 믿고 때를 기다릴 수 있다. 그러다 결국 더 이상 기다릴 수 없을 때, 그는 상대편과 단절해 버린다. 그럴 때 상대는 어리둥절하고 이해할 수 없을 것이다. 왜냐하면 이득을 챙기려는 속을 알고도 그토록 오래 인내하고 있었다는 것을 상상 할 수도, 또 이해 할 수도 없기 때문이다. 일단 그가 관계를 청산하려고 마음먹었을 때는 그 어떠한 것도 그의 마음을 되돌릴 수는 없다. 있는 그대로 수용하고 인내심이 많은 그이지만 한번 "아니다"라고 판단을 내릴 때에는 어느 누구도 그의 결정을 바꾸지 못할 것이다.

부드럽고 편안하지만 장 중심인 그는 내면에 자신도 알지 못하는 강한 힘을 가지고 있으며 자신의 결정을 바꾸지 않는 고집스러움이 있다. 그가 시도하지 않았을 때 그의 마음을 바꾸게 하기는 힘이 든다.

본능적으로 현실의 본질을 파악하고 균형 잡힌 이해를 하는 그의 침착성은 사람들에게 위로와 위안을 줄 수 있으며 어떤 사람에게 반대하여 강한 행동이 요구되는 상황에서도 자신에게 해함을 준 사람에게조차 개입하지 않으려 하고 느리게 행동하려는 유혹을 받는다. 그러나 힘으로 사람을 내려 누르려는 치졸한 강자를 혐오스럽게 바라보며 무참하게 꺾어 버리려는 유혹을 받기도 한다. 이럴 때 그는 〈눈에는 눈, 이 에는 이〉이라는 법칙을 적용하는 것처럼 보이기도 한다. 그러나 그는 그가 믿고 있는 종교의 깊이를 꿰뚫고 있으며 우주적인 힘 안에서 균형과 조화를 이루며 평화를 유지할 수 있다. 그는 자신에게 해함을 준 이에게조차 보복할 필요를 느끼지 않을 것이다.

건강하지 못할 때 그에게 딜레마는 자기 비하와 혼수상태이다. 그가 본능 중심에서 균형이 잡혀 있을 때는 큰 강처럼 모든 이를 수용하며 힘들이지 않고 끌어 않는다. 그러나 그가 평온함을 집착으로 가져갈 때는 갈등을 회피하고자 자신의 뜻은 접어둔 채, 무모하게 다른 이들에게 맞추어 줌으로써 곤란을 당한다.

그의 자기비하는 자기를 비하시킴으로써 상대방을 편하게 해 주려는 의도가 깔려 있다. 자기를 비하시킴으로써 상대방이 자긍심을 갖게 되고 편안하게 되리라는 기대 때문이다. 그는 마주하고 있는 상대가 그를 편안하게 느껴야만 자신도 편안하다고 느낀다. 그러나 그러한 자기 비하는 "네가 편하면 나도 편하다."라는 그의 집착을 드러내는 것으로써 그를 곤경에 빠뜨리기도 한다.

왜냐하면 그는 장 중심 사람으로서 특히 무례하고 사람을 힘으로 조종하려는 사람을 제일 싫어 할 수 있는데, 사람들과의 갈등을 피하고 평온함을 구하고자 했던 자신의 비하를 잘못 해석한 무례한 사람을 만나 더 어려운 갈등 속에 빠져들 수 있기 때문이다. 그는 직설적이고 무례한 사람들을 부끄럽게 만들고 싶어 하며 그런 사람들을 자신에게서 멀리 떼어놓고 싶어 한다.

본질과의 연결이 끊겼을 때 그에게 모든 것은 정체된다. 그는 비와 추위로부터 자신을 보호하기 위해서 구름 속에서 은빛의 빛 줄기를 보며 몽상에 빠질 수 있다. 이럴 때 그의 얼굴은 얼이 빠져 있는 것 같다.

그에게서 만나는 문제들은 내면의 성장을 위해 우리가 생각해 보아야 할 주제들이다. 깨어남과 잠들어 있기, 현재에 존재하기와 정신을 놓고 있기, 긴장과 이완, 평화와 고통, 통합과 분리 등이다.

그는 아이러니컬하게도 영적 세계에 관심이 많지만, 물질과 몸에 가장 잘 접해 있는 본능 중심의 중앙에 위치한 유형이다. 그가 본질과 연결이 닿아 있을 때는 원초적인 힘과 흡인력을 갖게 되고, 자신이 속한 종교의 본질을 꿰뚫는 능력이 있으며 우주적인 실재 안에서 신과 자신의 일체감을 느끼며 신앙심이 있다.

그러나 본질과의 연결이 끊어져 분리되어 있을 때는 엄청난 혼란스러움을 경험하는데 그는 그 혼란스러움에서 평화를 보상 받기 위해 세상의 밝은 면, 긍정적인 면만을 보려 하며 환상과 몽상 속으로 움츠려 든다. 환상 속에서 그는 시를 쓰거나, 그림을 그리기도 한다. 그가 예술가일 때 섬세하면서도 선이 굵은 통합된 것들을 창조해 내기도 한다.

그의 과제는 삶의 어두운 면을 거부하고 세상에서 벗어나려는 충동으로 미숙한 부처의 모습으로 도망치려 하기보다 현실에서 참여하고 행동 해야 한다는 것이다.

예수께서는 백일몽 속의 평화를 이야기 하지 않으셨다. 그 분은 거짓 평화를 위해 자기를 비하하고 자신을 상대에게 일방적으로 맞추어 줌으로써 편안해 하지 않으셨다 사랑이 그분을 행동하게 했다. "나는 이 세상에 불을 지르러 왔다. 이 불이 이미 타 올랐다면 얼마나 좋았겠느냐? 내가 받아야 할 세례가 있다. 이 일을 다 겪어 낼 때 까지는 내 마음이 얼마나 괴로울지 모른다. 내가 이 세상을 평화롭게 하려고 온 줄 아느냐? 아니다. 사실은 분열을 일으키러 왔다." 루가 (12:49 ~51)

그분은 단호했고 자기 목표를 알고 있었다. 예수께서는 자신이 하느님 아버지로부터 받았던 것을 전달해줄 때에만 수동적이셨다. 그분의 사랑은 그 누구를 판단하거나 배제하지 않는 것이다. 그분의 평생의 과제는 하느님과 인간의 화해, 인간들 상호간의 화해였다. 그는 공동체를 사랑하며 동기를 부여 받고 영감을 얻기 위하여 공동체를 필요로 한다. 그리스도는 공동체의 삶을 사셨고 제자들이 활동적이기를 기대하셨다. 그 분에게는 모든 사람이 귀중했다. 신의 뜻에 가장 일치하는 사람됨의 기질을 가지고 있는 그는 하느님이 자신과 함께 하고 있다는 것을 굳게 믿으며 우주적인 힘과 침묵 안에서 신과 자신을 연결시킨다. 그러므로 그가 지도자로서 취임하게 되면 그는 누구보다도 공정하고 객관적이며 도덕적인 완벽한 지도자가 될 수 있을 것이다.

어울리는 일

그는 꾸준히 한 가지를 파고드는 능력이 있고, 어느 분야든 본질을 꿰뚫는 능력이 있다. 그는 종교인, 사회사업가, 정치인, 과학자, 상담가등이 어울린다.

질병(공해 등 특수한 환경의 요인에 의한 질병은 예외로 한다.)

그는 어린아이일 적부터 요구하는 일없이 혼자 잘 견딘다. 그러므로 자칫 보살핌에서 제외될 수 있어서 영양 부족 등으로 폐를 앓거니 건강이 부실할 수 있으나, 조그마한 보살핌 안에서도 다시 회복한다. 그는 화를 잘 내지 않고 무던하게 참는 성격이지만 속으로 삭힌 화가 간을 다치게 할 수도 있다. 그는 가벼운 위염 정도는 앓을 수 있으나 위급한 상항일수록 감정을 없애고 사무적으로 받아들이는 그의 태도 때문에 웬만하면 이겨나갈 것이다. 그는 골골 장수하는 형이다.

3. 본 모습 찾기와 생명력의 회복

3. 본 모습 찾기와 생명력의 회복

철학이 종교의 시녀라고 불리는 것은 종교적 신비를 접근하기 쉬운 일반적인 언어로 풀어주기 때문이다. 우리의 이상상을 철학에서는 이데아라고 부른다. 이데아란 모든 사물이 생기게 된 존재의 원인이자 본질을 뜻한다. 이데아를 정의하고 있는 다른 설명을 들어보면 생성, 소멸을 거듭하는 감각세계의 사물은 이데아를 본떠 이루어진 것이지만, 생성, 소멸을 거듭하고 있는 감각세계의 사물은 진실한 존재가 아니고, 이데아야말로 진실한 존재이며 영원불멸의 궁극적 실재라는 것이다.

그렇다. 우리는 끊임없는 세포 분열로 한 순간도 그 자리에 있지 못하고 생성과 소멸의 변화를 겪다가 결국은 죽게 될 유한한 육체적 심리적 생명으로 태어나지만 우리의 의식은 영원한 생명과 사랑의 가치에 대해서, 진리와 선과 영원한 아름다움에 대해서 이야기한다. 그렇다면 영원을 꿈꾸고 천상적인 아름다움과 사랑을 노래하고 있는 나의 의식이 살아 있는 나의 실재는 어디에 있는 것일까?

생성과 소멸을 반복하다가 결국은 죽음을 맞게 될 생물학적 몸 안에 영원한 생명과 사랑을 이야기 하고 있는 내가 있을 수 없으며, 바람결처럼 흔들리다가 나의 몸에 부정적인 혹은 긍정적인 영향을 주어 변화를 일으키고 결국은 죽음으로 인도되는 감각세계의 심리적 마음 안에 영원한 생명과 사랑을 꿈꾸는 내가 있을 수 없다. 시간이 지나 결국은 소멸될 육체적 생명이, 바람결처럼 흔들리다가 어디론가 소멸해 버릴 감각세계의 심리적 생명이 나의 실재일 수는 없다.

"너 자신을 알라"라고 말했던 소크라테스는 이데아란 존재에 대해 근원적인 물음을 끊임없이 물을 때 홀연히 나타나는 어떤 것이며, 묻는 자의 존재를 포함하여 세계 일체를 이루는 존재의 시원이며, 진리 그 자체이다. 라고 말했다. 영원을 노래하고 진리를 추구하며 선함과 아름다움을 보고 느끼는 나의 의식이 살고 있는 나의 실재는 끊임없는 세포분열로 생성과 소멸을 반복하다가 결국은 죽게 될 생물학적 신체 안에 있는 것이 아니고, 나의 이상상, 나의 이데아와 함께 있다.

우리는 우리 안에 없는 것을 이야기 할 수는 없다. 우리는 또한 우리 안에 없는 것을 보고 듣고 느끼고 이해할 수도 없다. 베토벤은 자신 밖에서 자연의 음악을 듣고 많은 아름다운 곡을 작곡했지만, 귀가 먹고 난 뒤 자신 안에 깃들어 있는 내면의 음률에 귀를 기울일 수 있었으며,

더욱 아름다운 곡을 작곡할 수 있었고, 신곡을 쓴 단테 역시 눈이 멀고 난 다음에야 비로소 자신 안에 이미 깃들어 있던 아름다운 천국을 더욱 선명하게 그려낼 수 있었다. 프란치스코 성인 역시 눈이 멀고 난 후 내면에 자리한 영혼의 눈으로 더욱 아름다운 세상을 볼 수 있었고 세상을 창조한 신에게 찬미의 노래를 부를 수 있었다. 육안으로 보이는 것들은 이미 내 안에 있는 것들의 투영이기 때문이다.

인간의 의식은 수면아래 거대한 빙산으로 있는 무의식에 의해 이끌린다는 이론을 만들어낸 융은 무의식 층 가장 하부에 있는 원형을 자기(self)라고 표현함으로써 변화를 거듭하다가 결국은 소멸될 육체적 심리적 생명 너머에 있는 궁극적 실재 – 절대아를 설명하고 있다.

영원과 생명과 사랑을 노래하고 진리와 선함과 아름다움을 알아보고 알아듣고 느끼는 우리의 의식은 시간이 지나 결국은 소멸된 생물학적 신체 안에 있는 것이 아니고 궁극적 실재인 절대아(絕代我)와 함께 있다. 우리에게 영원한 생명과 사랑, 진리와 선함과 아름다움을 의식할 수 있도록 이끌어주는 절대아는 영원과 생명과 사랑과 진리와 선함과 아름다움 자체인 하느님의 생명 – 말씀(절대 의식)의 빛이다.

그러므로 나의 이상상인 영원한 생명과 사랑, 진리와 선함과 아름다움은 이미 나 자신이며, 나의 존재는 영원한 생명과 사랑, 진리와 선함과 아름다움 자체인 하느님 생명의 불꽃으로써 영원불멸의 존재인 것이다.

우리는 참으로 우리 자신을 그리워한다. 물고기가 바다 속에서 바다를 찾아 헤매듯 우리는 우리 자신의 본질, 본성을 찾아 헤맨다. 〈나는 네가 옆에 있어도 네가 그립다.〉라고 표현한 어느 시인의 노래는 궁극적 실재를 찾아 헤매는 우리들의 갈증을 잘 표현해 주고 있다. 우리가 더 이상 헤매지 않고 우리 자신에게 도달할 수 있는 방법은 없는 것일까?

우리가 실재라고 믿고 있는 감각세계의 것들 – 이데아를 본떠 만든 것이나. 한 순간도 그 자리에 있지 못하고 생성과 소멸의 변화를 끊임없이 반복하다가 때가 되어 결국 소멸될 우리들의 육체적 심리적 생명을 포함한 감각세계의 모든 것들이 실은 우리의 이상상, 우리의 이데아를 본떠 만들어진 허상이라는 것을 알아보고 알아들을 수 있는 눈과 귀가 있다면 우리가 더 이상 허상에 붙들려 본질을 놓치는 일이 없이 궁극적 실재인 나 자신에게 좀 더 다가설 수 있지 않을까?

그러면 우리의 죽을 몸 너머로 우리를 받혀주고 지지해 주며, 우리를 움직여 가고 있는 우리의 이상상, 궁극적 실재인 이데아 – 진리를 추구하며, 영원한 사랑과 생명을 꿈꾸며 선함을 추구하며 영원한 아름다움을 꿈꾸는 우리의 의식은 어디서부터 온 것일까?

우리에게는 누구로부터 배우지 않았어도 이미 태어날 때부터 지니고 태어나는 의식이 있다. 평화, 기쁨, 사랑, 지혜, 옳음, 강함, 충실, 기품 등 우리가 지니고 태어나는 이러한 보편 의식을 가리켜 우리는 스스로 있는 신성의 빛, 스스로 있는 우주적인 의식, 온전한 덕, 우주의 만다라, 혹은 본래 덕목이라고 말한다. 우리의 이상상, 우리의 이데아는 스스로 있는 신성의 빛, 스스로 있는 우주적인 의식, 우주의 만다라인 본래 덕목에 그 뿌리를 두고 있다.

그러므로 우리들 중 누구는 평화를 지상 최고의 가치라고 외치며 살아가고 있고, 누구는 사랑이 최종 목표라고 외치며, 또 우리들 중 또 누구는 지혜를 구하러 세상에 왔다고 외치며, 우리들 중 누구는 기쁨을 추구한다. 우리는 우리가 가지고 태어난 스스로 작용하고 있는 우주적인 의식, 우리의 이상상, 우리의 이데아로부터 온 가치를 살아가고 있다. 그러므로 스스로 작용하고 있는 우주적인 절대 의식, 우리의 이상상, 이데아는 우리들 육체적 심리적 존재의 원인이 되었을 뿐만 아니라, 우리가 궁극적으로 지니고 살아 나가고 있는 덕목이며 본질이고 본성이다.

　따라서 나의 이상상 – 본래 덕목은 본래 면목으로써 존재의 깊은 의식으로부터 발현되어 나의 얼굴 안에 심어져 있다.

1) 내 얼굴에 심어진 나의 이상상

● 옮음의 기운을 타고난 이는 〈나는 옳고 정확하므로 좋다.〉라는 이상상을 가지고 있으며, 신(神)의 온전함을 구현하려는 소망과 소명의식이 있고, 옳고 그른 것, 잘못된 것, 편애 등을 감지하고 바로 잡을 수 있는 재능을 가지고 태어났다.

● 도움(사랑)의 기운을 타고난 이는 〈나는 누군가에게 도움이 될 수 있으므로 좋다.〉라는 이상상을 가지고 있으며, 도움을 주려는 소망과 소명의식이 있고, 타인의 욕구와 필요를 알아채는 재능을 가지고 태어났다.

● 성취의 기운을 타고난 이는 〈나는 성공할 수 있으므로 좋다.〉라는 이상상을 가지고 있으며, 성공을 이루려는 소망과 소명의식이 있고, 어떻게 하면 일을 성공 시킬 수 있는가를 아는 재능을 가지고 태어났다.

● 품위의 기운을 타고난 이는 〈나는 기품이 있으므로 좋다.〉라는 이상상을 가지고 있으며 품위를 지키려는 소망과 소명의식이 있고, 기품을 가지고 아름다움을 구현해 낼 수 있는 재능이 있다.

● 지혜의 기운을 타고난 이는 〈나는 현명하므로 좋다.〉라는 이상상이 있으며, 지혜를 통찰하고자 하는 소망과 소명의식이 있고, 영성적이다. 이들은 논리적이고 분석적인 사고를

할 수 있는 머리와 재능이 있다.

- 충실의 기운을 타고난 이는 〈나는 성실하게 공동체를 돌 볼 수 있으므로 좋다.〉라는 이상 상을 가지고 있으며, 충실하게 공동체를 보살피고자 하는 소망과 소명의식이 있고, 공동 체를 반듯하게 성장하도록 도울 수 있는 재능이 있다.

- 기쁨의 기운을 타고난 이는 〈나는 즐겁고, 멋있어서 좋다.〉라는 이상상을 가지고 있으며 기쁨을 살며 전하고자 하는 소망과 소명의식이 있고, 자연 안에서 영성을 보며 기쁨을 전 할 수 있는 재능을 가지고 태어났다.

- 강함의 기운을 타고난 이는 〈나는 강하고 무엇이든 할 수 있으므로 좋다.〉라는 이상상을 가지고 있으며 강함으로 정의를 구현해 내고자 하는 소망과 소명의식이 있고, 어디에 부 정과 불의가 있는지를 알아 사회 변화를 위해 헌신할 수 있는 재능이 있다.

- 평화의 기운을 타고난 〈나는 사람들을 편안하게 해주며 안정되어 있으므로 좋다.〉라는 이상상을 가지고 있으며 평화와 안정에 대한 소망과 소명의식이 있고, 평화와 안정을 줄 수 있는 재능을 가지고 있다.

우리가 타고난 기운은 우리의 몸과 마음을 이끌고 가는 생명 에너지의 원천이므로 우리는 우리가 가지고 태어난 기운과 자신의 이상상대로 합당하게 살지 못 할 때, 몸과 마음의 건강을 잃게 된다. 반대로 우리는 우리가 가지고 태어난 절대 의식의 가치를 실현 시킬 수 있으리라고 믿을 때 우리 몸의 혈을 돌리는 기(機)의 순환이 활발해 지며, 잠자지 않아도 조금 먹어도 기운이 넘쳐나고 얼굴에는 빛이 난다.

웃음 치료의 시조인 노만 카슨스(Norman Cousins), 황수관 박사의 예를 들어 보자.

"모든 날 중 가장 완전히 잃어버린 날은 웃지 않는 날이다."라는 프랑스의 극작가이며 좌담가인 샹 포르의 말은 기쁨이 생명의 빛인 기쁨 유형들의 생존을 향한 본능적, 무의식적 욕구를 아주 극명하게 드러내고 있다.

웃음 치료의 시조인 노만 카슨스(Norman Cousins)는 미국의 유명한 '토요 리뷰' 편집장이었다고 한다. 그 분은 스스로 작용하고 있는 절대 의식 중 기쁨의 기운을 선물로 가지고 태어났다. 그러므로 그의 몸과 마음의 건강은 기본적으로 기쁨이라는 원기(元氣)가 돌리고 있다. 그는 희귀병인 '강직성 척수염'이란 병에 걸리게 되었는데, 그의 병은 류마티스 관절염의 하나로 뼈 사이에 염증이 생겨 몸이 시멘트처럼 굳어져 죽음에 이르는 완치율이 매우 낮은 병이었다고 한다.

그는 체념의 시간을 보내던 중 우연히 몬트리올대학의 한 교수가 쓴 '삶의 스트레스'라는 책을 읽고 감명을 받았고 그 책에는 '마음의 즐거움이 양약이다'라고 쓰여 있었다고 한다. 기쁨이 그분의 몸과 마음을 돌리고 있는 기본 원기이니만큼 아마도 즐거움이 양약이라는 말이 제일 마음에 와 닿았을 것이다.

노만 카슨스는 그날부터 폭력적이거나 부정적인 생각을 갖게 하는 책이나 TV는 멀리하고 희망적인 책을 보며 즐겁게 웃는 생활을 시작했고, 놀랍게도 많이 웃을수록 통증도 약해지고 깊은 잠도 잘 수 있게 되었고, 어느 날부터인가 굽어 버린 손가락도 펼 수 있게 되었다고 한다. 그는 웃음이 치료제가 될 수 있다는 확신을 갖고 계속 웃었고 1년여 뒤 기적처럼 병이 나았음을 확인했다. 그는 의과대학을 찾아가 자신을 연구해 볼 것을 제안했고 한 번 웃을 때마다 막혔던 혈관이 뚫린다는 놀라운 사실을 발견하게 되었다고 한다.

앞서 말한 바와 같이 도교의 천(天), 지(地), 인(人)을 설명하고 있는 정(精)기(氣)신(神)의 의미는 신(神) = 하늘의 마음이, 정(精) = 정자와 난자가 만나는 곳에 심어져, 기(氣) = 사람이 되었다는 뜻이다. 다시 말하면 정(精)으로 표현되는 지기(地氣)와 신(神)으로 표현되는 천기(天氣)가 만나서 사람의 몸과 마음을 움직여 가는 기본 원기(元氣)가 되었으므로 기본 원기(元氣)의 생성과 소멸이 사람의 생명현상이라는 것이다.

노만 카슨스에게는 기쁨의 빛이 생명에너지 즉 생기(生氣)로서 작용하기 때문에 그의 생명현상은 기쁨이라는 기본원기(元氣)의 생성이고 죽음은 기쁨이라는 기본 원기의 소멸을 뜻한다.
그러므로 본질에 닿는 절대 의식으로써의 기쁨은 모든 사람의 혈을 돌게 하겠지만, 기쁨이라는 기본원기(元氣)가 생명현상인 노만 카슨스에게는 작은 웃음이라도 혈을 돌리는 생기(生氣)로서 작용하는 양약일 수밖에 없다.
그러므로 한번 웃을 때마다 막힌 혈이 뚫린다는 실험결과는 다기소혈(多氣小血)- 기쁨이라는 원기(元氣)를 회복함으로써 기쁨이라는 기운(氣運)이 막힌 혈(血)을 뚫어 병을 낫게 한다는 한의학적 이론을 실험으로 증명한 셈이다.

우리들 모두는 절대 의식이라는 뿌리에서 하나이므로 본질에 닿을 수 있는 절대 의식으로써의 기쁨은 우리 모두에게 생명의 빛이 될 수 있다. 그러나 기쁨을 원기(元氣)로 태어난 이들에게 기쁨을 회복했을 때 곧바로 그의 혈이 돌아 건강을 회복할 수 있었을 것이다.

노만 카슨스와 같이 기쁨을 선물로 태어난 황수관 박사 역시 똑 같은 웃음 전도사가 된 건 우연이 아니다. 이 분들이 주는 기쁨이 하느님의 기쁨일 때 이 분들의 기쁨은 본질에 닿아 우리 모두에게 양약이 될 수 있으나, 특히 기쁨의 기운이 육체적, 심리적 생명을 돌려 주고 있는 기쁨 유형일 때 이 분들이 주는 기쁨은 곧 바로 생명력으로 작용하게 된다. 따라서 이 분들은 기쁨 유형으로 태어난 이들에게 심신의 건강을 회복할 수 있도록 많은 도움을 줄 수 있다.

노만 카슨스는 '토요 리뷰' 편집장을 그만두고 의과대학에서 교수 보조 생활을 시작하였으며 웃음치료를 연구해 의대 교수가 됐고 75세까지 대학에서 웃음과 건강을 연구하며 일생을 바쳤다고 한다.

강함의 빛을 생명에너지로 가지고 있는 마틴 루터 킹과 같은 유형인 유일한 박사를 보자.
강함의 기운은 선함을 추구하며 정의롭다. 이들은 사회정의를 추구하며 정의로운 분배와 공익정신이 그들의 가치가 된다. 유일한 박사는 자신이 이루어놓은 유한양행의 이익을 정의로운 분배를 위한 자신의 소신대로 사회에 환원했던 분이다. 강함의 빛을 생명에너지 기본원기로 태어난 이들은 킹 목사의 뒤를 이은 제시 잭슨이 있고, 골프왕 타이거우즈도 있다. 정의로운 사회 구현을 가치로 삼고 있는 유형은 옳음, 강함, 평화유형이다.

이들이 가지고 태어난 공익정신이라는 가치는 그들의 몸과 마음을 움직여 가고 있는 기운(氣運)으로부터 온 것이므로 비록 자신들의 표면의식이 잘 의식할 수 없다고 하더라도 우여곡절을 겪으면서 자신이 가지고 있는 가치를 실현시키는 방법을 찾아 일생 동안 노력하게 된다.

예로 들면 평화를 기운으로 태어난 레이건 대통령은 연예인으로 시작했으나 결국은 자신의 가치대로 정의로운 사회의 구현을 위한 노력의 일환으로 미국 대통령이 되었다. 강함을 원기로 태어난 타이거 우즈 역시 골프로 성공했지만, 정의로운 사회 구현을 위한 자신의 가치를 위해 움직일 것이므로 어떤 방식으로든 사회적인 변화를 위해서 움직일 가능성이 크다.

황우석 박사와 같은 유형인 KBS의 문형렬 PD를 보자.

황우석 박사 일을 지켜보고 있으면 〈모든 의견 중에서 가장 최악의 의견은 여론이다.〉 라는 샹포르의 말이 떠오른다. 황우석 박사의 육체적, 심리적 생명을 돌리고 있는 생기(生氣) 역시 평화이므로 평화의 가치인 공익과 사회정의를 추구하는 경향은 그의 육체적, 심리적 생명을 돌려 살아남기 위한 본능적, 무의식적 노력이다.

그러나 그의 모든 말과 행동은 공익을 위한 그의 가치와는 상관없이 다른 가치를 가진 사람들의 눈에 비춰진 다른 해석으로 사정없이 매도되고 부풀려졌다. 황우석 박사의 얼굴은 세간의 억측으로 극도의 고통을 겪고 있을 당시 마지막 기자회견장으로 들어갈 때의 사진이다. 황박사 뒤에 서 있는 얼굴은 황박사가 처해진 환경에 입술이 타 들어 가는 얼굴이지만 정작 황박사의 얼굴은 차분하다. 이러한 얼굴이 위기상황에서 더욱 차분해 지는 평화유형의 전형적인 모습이다. 같은 평화유형인 문형열 피디의 얼굴 역시 황박사의 진실을 알리는 추적 60분 제작 후 누군가로부터 신변 안전을 위해 피해 있어야 한다는 제보를 받고 절간으로 피해 있을 때의 모습이다. 가혹한 현실에서 보이는 두 사람의 얼굴은 참 많이 닮아 있다.

같은 유형은 같은 가치를 추구하고, 같은 어휘, 사고방식, 행동방식, 태도를 가지고 있으므로 서로를 잘 알아듣는다.

황우석 박사와 같은 유형인 KBS의 문형 열 피디는 황우석 박사가 일반 국민들에게 논문조작 사기꾼 등으로 비춰지고 있을 당

시에도 황우석 박사의 진실을 알고 있었다. 그는 서울대 조사위원장이 대 국민 발표를 하고 있는 생방송 중에 서울대 조사위의 잘못된 발표를 드러나게 하는 결정적인 질문을 던짐으로써 귀 밝은 사람들이 황우석 박사를 둘러싼 서울대의 온당치 못한 기류를 감지할 수 있도록 해 주었다. 또한 그 질문은 몇 년이 지나 황우석 박사의 진실이 밝혀지는 공판에서 서울대 조사위의 발표가 잘못된 발표임이 드러날 수 있도록 해 주는 결정적인 단서를 제공했다. 사진은 그 당시 문형열 피디의 모습이다. 황우석 박사와 문형열 피디의 눈빛은 참 많이 닮아있다. 문형열 피디는 황우석 박사의 진실을 밝히고자 추적 60분을 만들었으나 방영 되지 못하자, 기어이 〈황우석 리포트〉란 책을 발간함으로써 다시 황우석 박사의 진실을 밝히고자 노력했다.

성취의 기운을 타고난 사람의 이야기를 들어보자.

그가 간경화를 앓아 얼굴이 까맣게 타 들어가고 있을 때, 지인으로부터 온정이 베풀어졌다. 곧 죽을 것이니. 죽더라도 하고 싶어 하던 일을 하게 하고 싶은 지인이 그에게 얼마간의 돈을 주면서 사업을 일으켜 보라고 말했던 것이다. 그러자 사업의 성공과 함께 까맣게 타 들어가던 그의 얼굴이 되살아나면서 치유되었다.

● 호스피스 활동을 하다 보면 죽어가는 환자들이 가족에게는 털어내지 못하는 은밀한 이야기들을 봉사자에게 하는 경우가 있다. 지혜의 기운을 타고난 이는 사람에게 생명이 주어졌다가 왜 또 죽음이 주어지는지 이해나 하고 갔으면 좋겠다고 말한다. 또한 사랑이 문제인 유형은 죽음 앞에서 보고 싶었던 사람을 만났고, 그와 화해하고 사랑을 주고받았으니 죽어도 여한이 없다라고 털어놓기도 한다. 세상을 바꾸어 놓고 싶은 옳음의 기운을 타고난 이는 죽음 직전까지 부인과 아이들에게 지침을 주고 가고 싶어 한다.

죽음 앞에서 기도로서 극적으로 살아난 사람의 이야기를 들어보자.

사람은 죽음 앞에 서게 될 때 세상이 주는 전략, 집착이 헛되고 헛되다는 것을 몸소 체득할 때가온다. 그 시기가 좀 더 생명력이 남아 있을 때 올 수 있다면 그의 집착이 걷히고 순간이나마 그는 본성이 바라는 가장 힘 있는 기도를 드릴 수 있을 것이다. 평화의 기운을 가지고 태어난 이의 기도를 들어보자. 그는 그의 내면이 진정으로 바라는 기도 – 가족 간의 일치와 평화를 위한 기도를 드렸고 그 기도는 그가 드릴 수 있는 가장 힘 있는 기도였으며, 그 기도의 응답으로 그가 바라는 것보다 그에게 먼저 온 것은 치유였다. 그가 진정으로 바라던 평화는 치유된

몸이 살아낼 삶이 만들어나가야 할 소명일 것이다.

도움의 기운을 가지고 태어난 이의 이야기를 들어보자.

자신이 자궁암에 걸렸음을 알게 된 나이가 70이 된 부인이 있었다. 말기여서 수술을 해 보았자 별 승산도 없을 뿐만 아니라 고생만 하다가 가게 될 것이라는 결론에 도달한 그녀는 수술을 단념하고 여생을 그토록 하고 싶었지만 여러 가지 사정상 미뤄둘 수밖에 없었던 봉사를 하다가 죽기로 결심했다.

도움의 기운을 가지고 태어난 이들은 다른 이들에게 도움이 될 때 비로소 자신의 가치에 따라 살게 되므로 그의 얼굴은 빛이 나며 건강을 찾게 된다. 그분은 평소에 하고 싶었던 장례 봉사인 염 봉사(시체를 닦아 깨끗이 하고 수의를 입히는 일)를 시작했다.

그 분은 자신의 가치를 살면서 얼굴빛이 돌아왔고, 기쁨과 함께 평화와 사랑을 느끼며 놀랍게도 건강을 회복하게 되었다. 그 분은 건강을 회복하고 난 뒤 천수를 누리며 살다가 아침미사를 마치고 난 뒤, 목욕을 하고 와서는 그대로 잠자듯이 운명하셨다. 이 이야기는 김수환 추기경의 친 누님 되시는 분의 이야기이다.

2) 무의식적 본능적 생존 욕구로부터 오는 이상상의 추구와 가치의 실현

기쁨이 생명을 움직이는 기본 원기로 태어나 기쁨을 잃게 되면서 뼈에 이상이 생긴 노만 카슨스의 예는 모든 유형에게 적용된다.

옳음이 생명을 돌리는 기본 원기로 태어난 이들은 옳음을 살 수 있을 때 생명력이 살아나며, 사랑이 생명을 돌리는 기본 원기로 태어난 이들은 사랑하며 살 수 있을 때, 성취가 생명을 돌리는 기본원기로 태어난 이들은 성취할 수 있을 때, 지혜가 생명을 돌리는 기본 원기로 태어난 이들은 지혜를 통달할 수 있을 때, 충실이 생명을 돌리는 기본 원기로 태어난 이들은 공동체를 위해서 성실히 봉사할 수 있을 때, 강함과 평화가 생명을 돌리는 기본 원기로 태어난 이들은 공평하고 정의로운 사회적 변화를 일으킬 수 있을 때 그의 생명력이 살아난다.

자신의 가치로 살아간다는 것은 생명을 향한 무의식적 본능적 욕구이다. 자신의 가치로 살아간다는 것은 엄밀하게 생존욕구이므로 피할 수가 없다. 그렇기 때문에 서로 다른 가치를 살아가는 사람들로부터 오해 받고 모함을 당하고, 수모를 겪더라도 생명이 붙어있는 한 자신의 가치는 끝까지 포기할 수 없는 것이다.

우리는 생명을 향한 무의식적 본능적 요구에 의해서 자신의 이상상을 추구하고 자신의 가치를 살아가고자 한다. 그러므로 각자가 가지고 살아가는 가치와 가치가 부딪히게 될 때 생존을 위한 처절한 싸움이 될 수밖에 없다.

에니어그램 유형을 통한 임상결과를 보면 각 유형의 가치에 따라, 즉 각 유형을 움직이는 생명의 에너지인 기본 원기가 차별, 대립의 집착으로 움직이게 되어 야기되는 부정적인 기운에 따라 앓고 있는 질병이 있다.

크게는 진리를 추구하는 생명의 빛인 기쁨, 충실, 지혜의 빛을 타고난 이들과 아름다움과 사랑을 추구하는 생명의 빛인 도움, 성취, 품위의 빛을 타고난 이들과 선함을 추구하는 생명의 빛인 평화, 강함, 옳음의 빛을 타고난 이들의 앓게 되는 병이 모두 다르다.

진리를 추구하는 생명의 빛 – 기쁨, 충실, 지혜의 빛을 기본원기로 태어난 들은 생각이 많기 때문에 그 생각이 차별 대립을 향해 움직일 때, 머리로 어두운 각본을 쓰게 되며 어두운 각본이 만들어내는 두려움, 걱정 등은 일차적으로 위를 상하게 한다.

이들이 상한 위를 움켜지고 두려움, 걱정 등을 피해 라캉이 말하는 기만적 환영을 찾아 자신을 잊으려는 노력의 일환으로 찾게 되는 알코올, 마약, 도박 등의 중독은 일시적으로 이들의 아픈 위를 다스려 줄 수는 있겠지만 결국 개별화 된 의식에너지 – 반 생명 에너지가 차별, 대립을 위해서 가장 많이 작동된 이들의 머리를 다치게 한다. 이들이 추구하는 기쁨은 지속적이지 못 할 때 뼈를 다치게 하며 골다공증의 위험이 있으므로 지속적인 운동과 웃음치료를 병행해야 한다.

아름다움을 추구하는 생명의 빛 – 도움, 성취, 품위의 빛을 기본 원기로 태어난 이들은 감정적이어서 사랑 받고 인정받지 못할 때 그들의 심장을 다치게 된다. 흔히 고혈압과 당뇨를 앓게 되기 쉬우며, 상한 심장은 다시 간을 다치게 하기도 한다. 품위의 빛을 타고난 이들의 부정적이 감정인 슬픔은 이들의 폐를 다치기 하기 쉽다.

선함을 추구하는 생명의 빛 – 강함, 옳음, 평화를 기본원기로 태어난 이들은 대체적으로 튼튼한 장을 타고 나므로 건강한 체질로 태어난다. 그러나 잘못된 일에 화가 나므로 결국 간을 다치게 된다. 특히 옳음의 기운을 타고난 이들은 화를 억제하면서 우울과 슬픔에 빠져드는 경향으로 종종 폐를 다치게 되기도 한다.

우리가 타고난 절대 의식의 빛은 우리의 육체적, 심리적 생명을 되살려 주는 생명의 빛이다. 타고난 절대 의식 에너지, 신성의 빛에 따른 가치에 따라 올곧게 살 수 있을 때 우리의 육체적, 심리적 생명도 그 생명력을 되찾을 수 있을 것이다.

3) 각 얼굴별 갈등상황을 풀어본 꽁트

▶ 꽁트 1 등장인물

엄마 : 성취 = 심장 중심, 확산 형

딸 : 기쁨 = 머리 중심, 확산 형

이 서방 : 사랑 = 심장 중심, 더불어 형

아기 : 강함 = 장 중심, 확산 형

엄마 : "그 도둑놈이 미국에서 날아 왔다고? 난 절대로 볼 수 없으니 시간 낭비하지 말고 그냥 가라고 해라."

딸 : "엄마, 아름이 아빠가 엄마 수술하기 전에 엄마 얼굴 한 번 보고 가려고 왔는데, 안 보고 보낸다는 것이 말이 되냐구요?"

엄마 : "이 서방이 뭣 때문에 너한테 접근했는지 나는 다 안다. 내가 하는 사업이 탐 났던 거야. 내가 아들이 없다고 그렇게 호락호락 사위에게 넘길 것 같으냐? 이 서방이 너한테 접근했던 건 내 사업과 유산이 탐났던 거야. 멍청아."

딸은 어이없다는 듯이 이제 막 돌을 지난 자신의 딸을 안고 돌아선다. 돌아서는 딸을 보며 엄마가 중얼거린다. 〈내가 수술 날 잡아놓았다고 죽을 줄 아냐? 내 눈에 흙이 들어와도 내 돈이 이 서방한테 가는 건 용납 못한다. 흥, 내가 그럴 줄 알고 유언장을 미리 적성해 놓았지. 한 푼도 없다. 너한테는……!〉

엄마는 모른다. 사위인 이 서방이 가지고 있는 삶의 가치는 자신처럼 성공에 있는 것이 아니라, 가족 간의 화목에 있다는 것을. 사랑하는 부인의 행복이 곧 나의 행복이라는 신념으로 결혼식에 얼굴 한번 내밀지 않았던 장모지만, 따뜻한 식사라도 함께 하면서 위로 해 드려야겠다고 모든 걸 잊고 미국에서 달려 왔다는 사실을.

딸은 도무지 이해할 수가 없다. 일류 사윗감을 찾기 위해서 뚜쟁이에게 거금을 주고 온 장안을 뒤져 찾아낸 사위를 보물처럼 아꼈던 엄마의 사랑을. 그처럼 힘들게 얻어낸 사위를 그처럼 쉽게 차버린 딸의 몰인정에 치를 떨다가 기어이 혈압 약을 복용하게 된 엄마의 모습을.

엄마는 도저히 이해할 수가 없다. 자신의 허영으로 억지로 성사시킨 결혼 때문에 딸이 얼마나 마음고생을 해야 했는지를. 산부인과 수련의인 신랑감에게는 응당 승용차에다가 아파트까지 장만해 주어야 한다는 결혼 조건이 딸의 자존심을 얼마나 짓이겨대었는지를. 결혼 안하면 내 자식도 아니라는 엄마의 폭력을 견디다 못해 받아드린 결혼에 생활비까지도 엄마에게 타오기를 원하는 수련의의 태도까지 받아들여야 하는 딸의 처지가 얼마나 치욕적인 것이었는지를.

엄마는 도무지 알 길이 없다. 딸에게 버젓한 일류 신랑감을 안겨주었는데도 왜 행복하지 않았는지를. 성공한 의사와 함께 알콩 달콩 행복하게 살 줄 알았던 딸이 어느 날 갑자기 미국으로 도피유학을 떠나게 된 이유를.

엄마는 도무지 알 길이 없다. 미국유학 중에 만난 이 서방의 헌신적인 사랑에서 딸이 처음으로 안식과 편안함을 느끼고 숨을 쉴 수가 있었던 것을. 딸이 가지고 살아가는 가치는 자신처럼 성공에 있는 것이 아니고, 자유롭고 즐거운 공간에서 자신의 아이디어로 맘껏 누릴 수 있는 창작 생활과 신선한 기쁨에 있다는 것을. 그런 까닭에 자신이 사랑이라는 이름으로 행했던 모든 구속이 딸에게는 얼마나 가혹한 폭력이었는지를.

딸은 도저히 이해할 수가 없다. 엄마는 왜 자신이 첫 남편을 떠나 버리듯, 둘째 남편과도 결별하고 떠나 올 줄 알고 있었는지를. 이혼 보다 예쁜 손녀를 대동하고 나타난 딸에게 그처럼 분개하고 있는 엄마의 모습을. 분에 차지 않은 사위 때문에 기어이 간 이식 수술을 받아야 할 정도로 화가 나버린 엄마의 모습을.

엄마처럼 성공한 삶은 아니라 하더라도, 자신이 전공한 인테리어 디자인으로 쏠쏠한 수입도 챙기면서 작은 아틀리에를 가지고 취미 생활도 병행하면서 이서방과 함께 행복하고 멋진 생활을 영위해 오고 있는 자신을 그처럼 못마땅하게 보고 있는 엄마의 모습을.

한 번 울면 동네가 떠나가도록 막무가내로 울어대는데다가 고집불통인 자신의 딸을 보고 분명 이 서방을 닮아서 그렇다고 진저리를 쳐대는 통에 모텔 신세를 지는 수밖에 없는 자신의 처지를.

딸이 아기를 안고 모델 엘리베이터 안으로 들어서는데, 함께 탄 연인인 듯 한 쌍의 남녀가 아기를 예쁘다는 듯이 들여다본다. 아기를 보던 아가씨가 놀란 듯 말한다.

"어머나 아기가 날 째려봐~!" 옆에 있던 남자친구가 민망한 듯 응수한다. "째려보긴 인마. 네가 인상이 험악하니까 그렇지." 그러나 딸은 안다. 아기는 기분이 나쁠 때 가끔 재려 보는듯 한 눈길을 주기도 한다는 것을. 자신보다는 다르게 애당초 고집을 타고난 딸을 볼 때 마다, 남편도 자신도 닮지 않은 딸이 이해되지 않지만, 그보다 더욱 불편한 것은, 딸의 고집을 볼 때 마다, 〈너 같은 딸 낳아서 너도 고생 좀 해 봐라.〉 하고 매몰차게 말하던 엄마의 저주 섞인 말이 귓가에 맴돈다는 것을.

▶ 콩트 2 등장인물

남편 : 지혜 = 머리 중심, 응축 형

부인 : 성취 = 심장 중심, 확산 형

딸 : 강함 = 장 중심, 확산 형

초로의 허연 머리를 한 중년의 남자가 초췌한 얼굴로 법정에 들어서 피고인 측에 앉는다. 이어 부인이 들어와 앉고 증인인 딸이 들어온다.

재판장이 들어오고 증인인 딸이 거짓 없는 사실만 말하겠다고 선서를 한다. 중년의 남편의 하얗고 깨끗한 얼굴이 맥없이 딸을 얼굴을 쳐다본다.

부인의 검사가 딸에게 묻는다.

"어머니가 다단계 판매회사에 취직을 해서 돈을 벌어야 했던 이유는 증인의 과외비를 충당하려고 한 것입니까?" "네"

"아버지는 전자제품 부속을 납품하는 회사인 OO중소기업 사장이 맞습니까?" "네"

"초등학교 다닐 때 자전거를 사달라고 해서 엄마가 사주었는데, 아버지가 기어이 환불하라고 하고는 동네에서 버린 자전거를 수리해서 타라고 한 적이 있습니까?" "네"

"아버지가 어머니에게 씀씀이가 헤프다고 손찌검을 한 적이 종종 있습니까?" " 네"

"엄마를 때리는 아버지를 말리다 본인도 맞아 본적이 있습니까?" "네"

"그때 갈비뼈를 다쳐 입원했던 적이 있습니까?" "네"

"아버지는 종종 술을 마신 적이 있습니까?" "네"

"술을 마시면 종종 쇠 파이프로 가족들에게 폭력을 행사하기도 했나요?"

"네" 증인은 이 대목에서 부연설명을 한다. "아버지는 약자인 어머니에게 너무나 혹독했던 사람입니다." 부인은 이 대목에서 하염없이 눈물을 훔친다.

검사는 의기양양하게 말했다. "이상입니다."

남편의 변호인 반론이 시작되었다.

"어머니가 유령회사인 다단계 회사에 취직해서 사기를 당한 금액 전부를 아버지가 갚아준 적이 있지요" "네"

"아버지는 자신에게도 엄격하게 돈을 아끼는 습성이 있지요?" "네"

"아버지는 어머니에게 꼬박꼬박 생활비와, 아플 때는 병원비등을 추가로 주었지요?"
"네"

"어머니는 자주 쓸 수 있는 집안 집기들을 바꾸면서 돈을 낭비한 적이 있지요?"

"네" 이 대목에서 증인은 한마디 더 거든다. "다른 사람들도 그렇게 삽니다."

"아버지는 증인의 등록금을 주었지요?" "네"

"아버지는 교회에서는 인정받는 독실한 기독교 신자이시지요?" "네, 교회에서는 그렇지요.”

변호인 반론이 끝나고 1심에서 중년의 남자는 이혼과 함께 부인에게 상당한 위자료를 지불해야만 했다. 소문만 듣던 황혼 이혼이라니……. 남의 일 인줄만 알았다. 부인과 딸, 재산을 한꺼번에 잃은 남자는 집 근처 단골 포장마차에서 술잔을 연거푸 비운다. 목구멍이 들어가는 술이 눈물인지 술인지 알 수가 없다.

그토록 성실하게 최선을 다해 살아왔는데, 남은 게 황혼 이혼이라니……. 누구처럼 바람 한 번 피운 적도 없고 그저 근검절약하며 올곧고 깨끗하게 신앙생활하며 살아 왔다고 자부하고 있는 터인데……. 마누라 낭비벽을 좀 고쳐보려고 손찌검을 하기는 했다.

그러나 오죽 답답했으면 남자가 손찌검을 했겠는가? 세상이 야속한 남자는 하늘을 올려다보며 묻는다. 왜? 왜? 왜? 왜 내가 이런 일을 당해야 하는가? 그 이유만이라도 알고 당했으면…….

남자는 모른다. 자신은 항상 옳았지만, 부인과 딸은 평생 힘들었다는 것을. 첫 딸을 낳고 예쁘게 키우고 싶은 부인에게 자신이 쥐어 주는 생활비로는 턱없이 모자랐다는 것을. 딸에게 입히는 옷도 장난감도 사촌이 입던 것 얻어 입혀야 했고, 장난감을 사 주는 것조차 남자의 눈치를 보아야 했고, 집안을 예쁘게 꾸미고 사람들과의 교류를 즐기며 사람들과의 관계 안에서 삶의 즐거움을 맛보고 싶었던 부인을 남자는 도저히 이해할 수가 없다.

부인이 그 많은 재산 다 어디다 쓸려고 마냥 움켜지고 있느냐고 말을 할 때도, 재산도 사랑도 나눌 줄 모르고 시간 나면 서재에만 들어박혀 있는 남자가 도대체 가족에 대한 사랑이 있기나 하냐고 대들던 부인의 철부지 같은 말을 남자는 도무지 이해할 수가 없다.

부인은 도저히 믿을 수가 없다. 남편은 온 세상 짐을 혼자 지고 살아 왔으며 근검 절약해야 살아남는다고 믿고 집안을 위해서 그리고 자신이 속해 있는 공동체를 위해서 책임을 가지고 열심히 일해 왔다는 것을. 부인은 그저 남자가 밉기만 하다.

▶ 꽁트 3 등장인물

은희 : 평화 = 장 중심, 응축 형

영숙 : 성취 = 심장 중심, 공격 형

성희 : 사랑 = 심장 중심, 더불어 형

정균 : 기쁨 = 머리 중심, 확산 형

어둑해진 청계천 상가를 지나 막 버스에 몸을 싣는 은희에게 소리친다.

정균 : 영숙이는 다만 불쌍했을 뿐이야. 동정심이라고…….

은희 : 간다. 잘 지내…….

버스에 오른 은희는 버스차창 밖으로 비치는 가로등 불빛에 반사되어 번들거리는 정균의 눈물자국을 홀낏 훔쳐본다. 맘이 쓰리다. 그러나 은희는 모질게 마음먹는다. 그리고 속으로 중얼거린다. 〈정균이 넌 영숙이를 책임져야 해.〉

은희는 다시 중얼거린다. 끝내야 해. 지난 일주일의 일들이 은희의 뇌리를 스친다. 친구 영숙이가 정균과의 일을 고백했던 일, 충격과 분노로 몸을 가눌 수 없었던 일, 분노가 가라앉고 난 뒤, 찾아오는 차가운 이성 안에서 정균과의 관계를 청산해야겠다고 마음먹었던 일, 정균이에게 결별을 선언하고 난 뒤, 왜 그래야만 하느냐는 정균이의 호소에 내가 왜 이런 삼각관계에 휘말려야 하지? 라고 말했지만 실은 자신의 내면에서 올라 오는 소리 이거 페어 플레이가 아니라는 내면의 소리에 충실하고자 했던 것이라는 것.

자신은 정균이와 헤어져도 자신은 그럭저럭 견뎌나가겠지만 친구 영숙의 처지를 생각해 보면 자신보다 더 견디기 어려울 것이라는 것. 그리고 중요한 것은 정균이 자식이 친구 사이도 자신과의 일도 모두 망쳐버린 장본인이므로 결별로서 단죄 받아야 한다는 것.

은희는 친구 성희를 만나 정균과의 일을 털어놓는다.

은희 : 결정적인 이유는 이건 페어플레이가 아니라는 거야.

성희 : 은희야 자신을 속이지 마. 네가 그렇게 결정 내린 건 영숙이보다 정균이를 사랑하지
　　　않는다는 증거야. 사랑하지 않았다고 솔직히 말해. 사랑한다면 그처럼 쉽게 정균이를
　　　영숙이에게 내어줄 수가 없어.

은희 : 아니야. 그렇지는 않아. 사랑했어.

성희 : 아니야. 사랑한다면 그처럼 쉽게 내어줄 수는 없어.

은희는 성희와 헤어져서 오면서 생각한다. 성희 말대로 나는 영숙이 만큼 정균이를 사랑하지 않았던 것일까? 아니다. 은희는 고개를 흔들었다. 정균이와 있을 때가 가장 기뻤다. 근데 왜 꼭 정균이와 헤어 져야 한다고 마음먹는 것일까?

은희는 모른다. 자신의 내면이 함께 있으면 그토록 기쁘고 즐거웠던 정균이와 헤어지라고 하는 건지. 사랑보다 더한 가치는 공평함과 페어플레이라고 외치는지. 자신은 왜 그토록 힘들게 정균과 결별을 선택해야 하는지…….

은희는 또한 이해할 수 없다. 성희가 자신의 마음을 왜 그토록 이해할 수 없는지. 그토록 확

신을 가지고 정균이를 사랑하지 않기 때문에 헤어지는 것이라고 그토록 확신을 가지고 우기는지를…….

　은희는 알지 못한다. 정작 은희 자신이 보지 않으려는 것은, 결별로써 정균이를 단죄하고 있는 자신의 분노라는 것, 정균이는 흠 없어야 하는 친구 사이를 그렇게 엉망으로 만들어 버리는 나쁜 놈이니 라는 서슬이 퍼런 판단이 자신의 행동을 결정했다는 것. 자신을 움직이고 있는 가치는 사랑과 관계 안에서 오는 기쁨보다 정의로움과 공평함이라는 것.

　은희는 또한 알지 못한다. 아니다 싶으면 가차 없이 관계를 청산해 버리는 자신의 행위는 사랑 없는 정의라는 무자비한 틀로 사람을 판단하고 단죄하는 행위라는 것을…….

4) 성격의 극복과 본 모습 찾기

결국 죽어야 하는 육체적, 심리적 생명은 영원한 생명의 표상(表象)이자, 거짓 생명이다. 집착의 몸이 그 거짓 생명인 목숨을 이어가기 위해 죽음을 먹어야 하듯, 집착의 몸이 드러내는 자아상(自我像) 역시 가면(假面)이다.

그러나 사실 우리는 우리의 가면(假面)을 잘 인식하지 못한다. 그러므로 신(神)의 선물인 나의 재능을 실재의 표상을 동일화 하여 소유하려는데 쓰려는 가면(假面)의 성향도 잘 인식하지 못한다. 실상 불완전한 우리의 육체적 심리적 생명은 거짓 자아, 가아(假我)의 속삭임 — 그렇게 하지 않으면 사랑 받지 못하고 살아남지 못하리라고 속삭이는 소리를 듣고 있고, 그렇게 믿고 있다.

따라서 우리는 우리의 얼굴이 아닌 다른 얼굴들을 나 자신이 가지고 있는 성향의 잣대로 분별하고 판단하게 된다. 거짓 자아의 속삭임을 믿는 잘못된 자기 사랑으로 인한 어리석음 때문이다.

우리를 지지해 주는 생명의 빛은 우리들 거짓 자아, 잘못된 자기사랑에 의해 가려진다. 그러므로 신(神)의 선물인 우리의 재능은 얼어붙게 되어 결점이 되고 우리의 장점은 단점이 되므로 이루어져야 될 일이 이루어지지 않는다. 그러나 우리는 우리의 재능이 결점으로 쓰이는 것도 이해하지 못한다. 우리는 우리의 재능이 왜 얼어붙게 되었는지, 우리의 재능이 어떻게 결점으로 쓰이는 지 이해하지 못한 채, 고집스럽게 성격이라는 장치를 이용함으로써 얼어붙어 막힌 부분을 보강하려고 한다.

우리의 성격은 당장은 불완전한 집착의 몸을 보호해 주는 깁스의 역할을 하겠지만, 그렇게 행동함으로써 보호 되고, 사랑 받을 수 있고 살아남을 수 있다고 잘못 판단한 어리석고 불완전한 거짓 자아가 고집스럽게 쓰고 있는 전략이다.

하나의 의식에너지에 의해 태어난 우리의 육체적, 심리적 생명은 이미 힘의 중심은 물론 행동 방식까지도 가지고 태어난다. 따라서 아기들은 이미 특정한 성격을 가지고 자신의 방식으로 이해하고 분별하고 반응한다.

강함의 빛을 타고난 아기는 목소리도 크고 우렁차며 고집이 있고 공격적인가 하면 충실의 빛을 타고난 아기는 순종적이며, 의존적이다. 또 지혜의 빛을 타고난 아기들은 조용하지만 고집을 가지고 있으며 독립적이다. 아기들 마다 선호하는 장난감이 따로 있으며, 선호하는 놀이나 역할 또한 다르다.

아기들은 타고난 의식 에너지에 따라 각 성격이 가지는 차별, 대립의 모습 그대로의 얼굴로 자라난다. 자신이 방어할 수 없는 어린 시절에는 정서적 지지와 사랑 안에서 자아강화가 적정선에서 허용되는 가운데 자라나야 한다. 자아강화가 어느 정도 허용되는 시기는 육체적 심리적 생명이 어느 정도 성인의 모습을 갖출 때까지인 인생의 전반부에서, 혹은 감당하기 어려운 상처를 치료하여야 할 때 적절한 선에서 허용되어야 한다.

자아강화 허용의 장치를 리소는 깁스라고 표현한다. 자신을 위해서 어떤 방어도 할 수 없는 어린 시절에 자아 허용이 억압되었을 경우 신체적 장애를 가져 오게 되며 결국 어떻게 일치와 완성을 향해 가야 하는지도 모른 채, 가장 강력한 깁스인 마약, 섹스 등에 빠져들 수 있다.

인격의 통합을 이루기 위해서 성장하려는 자는 먼저 태어나야 한다. 그러므로 어린 시절 정서적 지지와 사랑 안에서 이루어지는 적절한 자아강화는 인생의 후반부에 일어날 인격적인 통합을 위해 반드시 이루어져야 할 과업이다.

그러나 인생의 후반부에서 더 이상 깁스는 유용하지 않다. 차별, 대립으로 피폐해진 신경증, 혹은 장기의 손상은 우리에게 일치의 요구를 강력하게 호소하고 있다. 인생의 후반부에서 오는 신경증과 장기의 손상은 이 깁스로 표현될 여러 경로를 통해서 치유될 수 있겠으나 단기적일 뿐, 다시 손상을 입게 된다. 우리의 몸은 더 이상 기만적 환영에 속지 않고 본질인 생명에너지로부터 힘을 받아 다시 살아나기를 원한다.

그러나 우리의 잠자는 의식은 에덴동산에서 선악과를 따 먹기 전 아담처럼 나와 이웃을 존재 자체로(있는 그대로) 보지 못한다. 어둠 속에서 나의 집착으로 굴절되어 보이는 이웃의 알몸만을 볼 뿐이다. 우리가 집착이라는 감옥 안에 갇히게 될 때 우리는 있는 그대로 보지 못하고 집착의 눈과 집착의 귀로 굴절시켜 보고 들음으로써 잘못 해석하고 잘못 분별하고 잘못 판단하여 서로 상처를 주고받게 된다.

그렇기 때문에 나의 것이 아닌 다른 얼굴들을 이해하기가 어렵게 되고, 나 자신의 성향으로 분별하고 판단하게 된다. 그렇게 하여 우리는 서로의 그릇된 판단에 의해 부정되고 가혹한 현실 앞에 놓이게 된다. 개인 마다 차이가 있을 수 있으나 가혹한 현실 앞에서 우리의 성격은 더욱 강화될 수 있으며 강화된 성격으로 인해 우리의 집착은 더욱 더 굳어질 수 있다.

우리가 성장할 때는 우리의 가면(假面)뒤에 있는 참 자아를 보고 본성을 회복하여 우리의 전략인 성격을 이해하고 놓아 버릴 때이며, 그럴 때 비로소 우리는 진실로 자유로워질 수 있다.

우리의 본 모습, 본질, 본성을 물이라고 비유하자면 성격으로 굳어진 집착은 얼음인 셈이다. 물(본성)은 모든 것을 수용하고 정화시키지만 얼음(성격, 집착)으로 굳어진 것은 서로 부딪치며 상처를 주고 받는다.

그러나 신성의 빛은 어둠 속에서도 여전히 우리를 비추고 있고 알몸으로 보이는 우리는 여전히 신성의 현현들이며 하늘나라를 그리워하며 탐색하고 있는 빛의 자녀들이다. 그러므로 거짓자아를 충족시키는 대신에 우리의 뜻을 온전히 존재의 뜻에 연결시키기만 하면 우리 안에서 빛을 가리고 있던 어둠이 걷히고 신성의 빛이 환하게 빛날 수 있는 것이다.

그럴 때 우리의 재능은 존재의 지원을 받아 빛을 발하게 된다. 우리는 언제라도 새로이 신성의 빛 안에 놓일 수 있으며 새로이 시작할 수 있다.

어둠이 빛을 이겨 본적이 없다는 성서의 말씀처럼 자아충족을 위해 쓰던 우리의 재능을 진실로 온전하게 신(神)의 뜻에 연결시키기만 한다면, 우리의 재능을 공동선을 위해 쓰기만 한다면 우리 안에서 우리가 만들어 놓은 어둠이 걷히고 신성의 빛이 환하게 드러나 생명과 사랑을 누리게 된다.

요즈음은 많은 명상가들이 명상 중에 인체의 가장자리로 뿜어져 나와 띠처럼 인체를 싸고 있는 황금빛을 보고 있고, 우리는 이미 성인들의 머리 위로 빛나는 황금빛 후광을 그리고 있다. 우리의 의식이 실재에 닿아 현존 할 수 있을 때 우리의 몸은 황금빛을 띠운다.

존재의 깊은 의식 – 현존 안에 있을 수 있을 때 우리는 너와 내가 각각이 아니고 하나의 몸임을 깨닫는다. 그리고 다른 이에게 해함을 주는 것은 바로 나에게 해함을 입히는 것이며 다른 이에게 행한 자선도 곧 나에게 하는 자선이라는 것을 깨닫는다. 존재의 본질에 닿을 때 우리는 온전히 사랑 안에서 공명 하게 되므로 나를 내어 주는 그 만큼 온전히 되돌려 받게 된다.

우리 조상들의 신앙인 무속 신앙에서 우리는 무당들이 어떻게 사람의 질병을 치료하는지 본다. 무속 신앙 안에서 우리는 가족 중의 누군가의 죄를 또 다른 가족의 누군가가 질병으로 대속(代贖)하게 된다고 믿는다. 구성원 누군가의 죄는 다른 누군가의 고통과 희생이라는 대속(代贖)으로 기워 갚아진다. 그 비슷한 예는 우리의 무속신앙에만 있는 것이 아니다. 세계 각지의 수많은 종교 예식에서도 볼 수 있고 기독교에서 말하는 속죄의 희생양이 의미하는 바도 그렇다. 성서에서 보면 아담의 죄는 하느님의 어린 양인 예수 그리스도의 대속으로 이어진다.

그리고 예수 그리스도의 대속과 희생은 곧 인류공동체의 구원과 축복으로 이어진다. 내가 지은 생각과 말과 행위의 죄는 곧 바로 내 가족의 대속(代贖) 혹은 인류 공동체의 대속(代贖)으로 풀어 가게 되며, 생각과 말과 행위로 행한 자선은 작게는 내가족의 축복으로 크게는 인류공동체의 구원과 축복으로 연결된다.

우리의 의식, 혹은 영혼은 이처럼 깊은 의식 안에서 연결되어 있으므로 우리는 서로 영문도 모른 채, 대속과 희생의 제물이 되기도 하면서 우리 공동체의 치유와 완성을 위해서 우리의 삶으로 풀어나가려 한다. 그러나 우리는 우리에게 처해진 가혹한 환경에 직면 할수록 우리에게 고착된 의식으로 말미암은 집착을 더욱 강화시키기가 쉽다.

우리는 우리의 집착으로 인해 주어진 가혹한 현실에 부정적으로 반응함으로써 또 다른 죄의 씨앗을 낳고 그 죄는 또 다른 세대의 대속과 희생으로 풀어지므로 인류 공동체의 치유와 완성을 위해 대속과 희생의 순환은 계속 될 수밖에 없는 것 같다. 본 모습 찾기의 본성과 집착 사이에서 우리가 취하는 선택은 작게는 내 다음 세대의 축복과 구원에 기여를 하거나, 혹은 대속과 희생의 여지를 남기게 되며, 크게는 인류 공동체의 축복과 구원 혹은 대속과 희생의 여지를 남기게 된다. 따라서 본 모습 찾기 프로그램은 공동체의 영적 성장을 돕는 프로그램으로 쓰일 수 있고 그에 상응하는 적절한 보상이 주어질 수는 있으나, 어느 특정그룹의 이윤추구나 그에 상응하는 가치로는 쓰일 수가 없다.

우리는 세상 속에서 자신의 소명과 역할에 따라 살아가야 하지만, 똑같은 환경과 똑같은 인간관계 안에서 똑같은 일을 하고 있다고 하더라도 깨어난 의식 안에서 올바른 이해와 명료한 판단, 본성에 의한 자유로운 선택을 통해 스스로 꾸려가는 삶이어야 한다.

우리의 의식이 깨어나 신성의 빛과 만날 수 있을 때 나는 내면의 요구에 의해 가장 적절한 생각과 말과 행동을 하게 되며, 생명의 빛인 평화, 기쁨, 사랑 안에서 긍정과 희망과 사랑만이 생명의 힘이며 공동체의 구원임을 안다.

요즈음은 특수 촬영기로 우리들 몸에서 뿜어져 나오는 오오라(빛)를 찍어 볼 수 있으며, 자아가 타자를 향해 어떻게 반응하고 있는가를 나타내는 의식 상태에 따라 우리들 몸에서 뿜어져 나오는 빛의 밝기가 달라진다는 것을 확인할 수 있다. 미국 컬럼비아 대학의 정신의학자인 데이비드 호킨스 박사는 그의 저서인 의식혁명에서 지난 20년간 수많은 사람들의 임상실험을 통해 인간의 의식 수준을 17단계로 분류해서 1~1000LUX 까지 밝기의 수치로 기록했다. 데이비드 박사의 견해로는 200LUX 이상의 Power의식은 창조와 성장을 200LUX 미만의 Force의식은 분열과 퇴보를 가져온다고 한다.

의식의 밝기				
Power vs Force	LUX	의식수준	감정	순수의식
	700–1000	깨달음	언어이전	순수의식
	600	평화	하나	인류공명
	540	기쁨	감사	축복
	500	사랑	존경	공존
Power	400	이성	이해	통찰력
	350	포용	책임감	용서
	310	자발성	낙관	친절
	250	중립	신뢰	유연함
	200	용기	긍정	힘을 주는
	175	자존심	경멸	과장
	150	분노	미움	공격
	125	욕망	갈망	집착
	100	두려움	근심	회피
Force	75	슬픔	후회	낙담
	50	무기력	비난	학대
	30	죄의식	비난	학대
	20	수치심	굴욕	잔인함

*LUX : 조도(照度)라고도 한다. 단위 lx(럭스) 또는 ph(포토). 면의 단위넓이를 비추는 광선속(光線束)으로 나타내며, 크기는 밝기를 결정하는 기본이 되지만, 빛의 반사율은 각 면의 성질에 따라 다르다.

위의 표에서 보는 바와 같이 우리가 고요해지고 평화로울 때 우리의 의식은 신성의 빛과 더욱 많이 연결되어 있으므로 밝다. 따라서 모든 유형은 고요해지고 평화로울 때 신(神)의 뜻을 식별해 낼 수 있는 은총 중에 있게 된다.

존재의 사랑은 아기 독수리와 엄마 독수리에 비교된다. 아기 독수리가 때가 되어 날아야 할 때 아기 독수리는 제 힘으로 날아 오른 줄 알지만 실은 엄마 독수리가 날개 밑으로 바람을 내어 아기 독수리가 날도록 해 준다는 이야기이다. 어느 신비가가 쓴 일화 중에 어느 바이올린 연주가의 이야기가 있다. 황홀하기 그지없는 연주가 끝난 뒤 어느 청중이 연주가에게 다가가 물었다. "어떻게 그렇게 훌륭한 연주를 할 수 있었나요?" 그 연주가는 이렇게 대답한다. "하느님께서 연주하시도록 저는 비켜서 있기만 하면 됩니다." 바로 무아지경에서 연주를 끝냈다는 이야기이다.

우리는 신성의 빛과 연결된 빛의 자녀들이므로 우주적인 어떤 절대적인 힘에 받쳐지지 않고는 날 수도 없으며, 좋은 연주도, 삶의 조화로운 관계도, 존재의 기쁨도, 평화도, 사랑도 그 어떤 좋은 것들도 가능하지 않는다.

우리가 조화롭지 않는 상태에서 두려움, 수치심, 분노, 우울, 슬픔, 의기소침 등 부정적인 감정을 경험하게 될 때 "나는 어디에 있는가."하고 점검해 보아야 한다. 우리는 가부좌를 하고 명상을 위한 자세를 취하지 않아도 내 몸과 나의 부정적인 감정과 고통을 나와 동일화하여 왜곡시키고 부정적인 감정을 증폭시켜 위험에 빠지지 않을 수 있는 방법이 있다. "나는 어디에 있는가?"를 깨어 의식하고 점검하는 것이다.

나의 생각과 말과 행위의 동기가 공동체를 위한 것으로써 공동선을 위한 본성에 의한 것인지, 아니면 집착에 의한 것으로서 두려움과 수치심과 화를 불러오고 있는 종류의 것인가를 끊임없이 의식할 수 있어야 하며 깨어 있어야 한다.

깨어있는 의식이야말로 나의 집착으로부터 오는 나의 부정적인 감정과 나를 동일화하지 않고 객관적으로 떼어 놓을 수 있으므로 나를 다스릴 수 있는 확실한 방법이 되어줄 것이다. 좀 더 구체적이고 적극적인 방법은 판단과 생각을 끊고 기도 중에 머무는 것이다. 기도 안에서 우리는 내면의 관찰자로 하여금 파도처럼 흔들리며 끓고 있는 우리들의 생각과 판단과 부정적인 감정들이 고요히 가라앉을 수 있을 때까지 집착들을 투명하게 바라보게끔 해야 한다.

더 이상 나와 부정적인 감정들을 동일화 하지 않고 보고 놓아버릴 수 있을 때 타인의 부정적인 감정도 이해할 수 있고 놓아 보낼 수 있으며 깊은 의식 안에 있는 내면의 요구에 의해서 행동하게 된다.

그런 의미에서 진정한 의미의 기도란 깊은 의식 안에 존재하는 내 안에 나 – 나의 내면으로부터 들려오는 소리를 듣는 것이다. 그럴 때 나의 행동은 내가 한다는 특별한 의식이 없는 무위(無爲)의 행동으로써 애를 쓰지 않아도 그 때 그 때 가장 적절한 생각과 말과 행동을 하게 된다.

그렇게 될 때 우리는 우리의 본성대로 신성의 한 조각, 빛의 얼굴로서 각자가 지니고 태어난 유형의 역할을 적절하게 실행하게 되고 기쁨과 평화와 사랑 안에서 충만한 삶을 살 수 있게 된다. 그렇게 되면 우리의 알몸조차 건강하고 환해 질 것이다.

그러나 집착의 몸으로 태어나 제한된 조건 안에서 살아가야 하는 우리는 기도 안에서 평화와 기쁨과 사랑을 누리며 존재의 뜻을 묻고 듣기보다 잘못된 자기사랑으로 인해 자신의 재능을 부정적으로 표현해 왔다. 그럴 때 우리는 우리 자신의 잘못된 표현을 인식하고 고쳐 쓰기보다 차라리 잘 살아가는듯해 보이는 유형의 얼굴을 모방하려는 유혹을 받는다. 그 쪽이 오히려 더 쉬울 것 같아 보이기 때문이다.

그런 모습을 본 모습 찾기에서는 다른 유형의 가면을 쓰게 된다고 표현한다. 집착의 몸을 가지고 내어난 우리는 이미 자신이 가지고 태어난 유형의 가면을 쓰고 살고 있다. 그 가면으로도 충분히 힘들다. 그런데 또 다른 유형의 가면을 쓴다는 것은 가면 위에 또 다른 가면을 덧쓰게 되는 것이므로 더욱 복잡하고 힘이 들것이다.

그렇게 될 때 우리는 유형의 재능을 적절히 표현할 수 없을 뿐만 아니라, 더욱 부자연스러워지며 자신의 것이 아닌 것을 모방하게 되므로 더욱 많은 에너지를 소모하게 된다. 따라서 몸도 마음도 지쳐 병이 들고 아플 수밖에 없을 것이다.

우리는 신(神)에게서 받은 우리의 본성대로 충실히 살 수 있을 때에야 몸도 마음도 건강해지며 소명에 충실 할 수 있고 자신의 진정한 소망대로 삶을 펼쳐나갈 수 있으며 그 길을 통해 몸과 마음의 조화와 균형을 이루어 진정한 평화와 기쁨과 사랑 안에서 자유롭고 충만한 삶을 살아갈 수 있을 것이다.

본질과의 연결이 끊어져 알몸으로 태어나는 인간은 애초부터 존재론적인 고독을 지닌 채 살아가는 수밖에 없다. 인간은 그 결핍을 채우기 위해 외부에서 무언가를 붙잡으려 하지만, 인간에게 있어서 존재론적인 고독은 오직 내 안에 있는 절대자와의 만남 다시 말하면 나의 본성, 나의 원형으로의 회귀를 통해서만 해결이 가능하다.

나를 있게 한 원인인 신성의 빛 – 나의 본성, 본질인 내 존재의 깊은 의식 안에서 나와 함께 하고 있는 신성(神性)의 빛과 온전히 일치 할 수 있을 때에 나는 온전해 진다. 나는 더 이상 나 자신의 잣대로 잘못 판단하고 잘못 이해함으로써 내가 만든 감옥 안에서 내가 만든 유령과 싸 우며 자신을 구속하기보다 진리 안에서 있는 그대로 보고 있는 그대로 들을 수 있다. 어느 수 도자의 묵상 글을 읽어보자.

존재의 중심

〈중심을 바라보라. 그 중심과 이야기를 나누기 시작하라. 그 모든 갈등과 불안함은 이 중심을 바라보라는 무언의 강력한 권고이다. 그 중심을 알아보고 찾아내는 것은 퍼즐 맞추기와 같 다. 그 자리에 맞는 것을 밸 때까지는 절대로 대체될 수가 없다.

그 자리는 가족도 친구도 돈도 명예도 사랑으로 채워질 수 없다. 그것은 자기 자신으로 채워 지는 자리도 아니다. 그 곳은 하늘과 교감하는 자리다. 인간은 진흙에 하느님이 숨을 불어넣 어 만들어진 존재다. 그 숨이 쉬는 자리가 바로 중심이다. 존재의 근원이다. 밖에서가 아니고 이 안에서 자신을 확인 하여야 할 것이다.

이 중심에 집중할 때, 자신은 태어나기 이전부터 이미 사랑 받고, 인정받는 존재라는 것을 깨닫게 되리라. 그 누구에게도 확인 받고 인정받을 필요가 없는 것임을 알면서도 끊임없이 타 인에게서 자신의 효용가치를 주장하고 확인 받고자 하는 갈망은 그 중심에 아직 충분히 응집 되고 초점이 모이지 않기 때문이다.

삶의 중심이 되지 못하기 때문이다. 내가 내 중심에서 살고 있지 못하기 때문이다. 중심을 찾아가는 길……. 그것이 살아가는 지도(map)가 되어야 하리라. 그리고 중심에 의하여 움직이는 삶, 그리고 항상 중심을 확인하는 삶이 되어야 할 것이다. 원심력에 의하여 태양계의 모든 것이 돌아가듯 그렇게 살아가야 하리.〉

우리가 어떤 부정적인 감정 상태를 경험하고 있다면 우리는 반드시 나의 의식이 어디에 고착되어 있는지를 자신에게 물어 보아야 한다. 자아충족을 위한 집착으로 온 부정적인 감정 상태에 묶여 그 상태를 나와 동일시하며 몸도 마음도 그리고 내 영혼까지도 망가뜨리고 있는지, 혹은 생명의 빛 안에서 내 안의 참 나를 찾아 평화와 기쁨과 사랑을 누리고 있는지, 깨어있는 의식 안에서 나를 객관적으로 떼어놓고 바라볼 수 있어야 한다.

5) 있는 그대로 보고, 있는 그대로 듣기

초등학교에 입학하자마자 컴퓨터 게임에 빠져버린 아이는 학교에서 돌아오자마자 다시 컴퓨터 앞으로 달려간다. 몇 년이 지나도록 컴퓨터 게임에만 빠져 있는 아이의 버릇을 고치느라고 엄격한 성격의 아버지가 컴퓨터를 망가뜨려 버렸다. 그러나 아이는 동네 게임 방으로 자리를 옮겨 다시 게임에 열중하는 것이었다. 그러던 중 아이 엄마는 담임선생님으로부터 의논할 일이 있으니 학교로 방문해 달라는 연락을 받는다.

담임선생님의 이야기를 들어보면 아이는 수업시간에 너무나 산만한 나머지 다른 아이들의 수업시간까지 망쳐 놓는다는 것이었다. 그동안 아이를 위해서 해 볼 것은 다 해 보았으나 소용이 없으니, 아이를 정신과로 데려가 심리검사를 받아보게 하는 것이 어떻겠느냐는 것이었다. 그러지 않아도 컴퓨터에만 매달리는 아이에게서 상당한 문제를 느끼고 있던 아이엄마는 아이를 데리고 정신과를 찾았다. 아이의 이야기를 들어본 의사선생님은 아이에게는 당장 정신과적 치료가 필요한 상황이어서 약을 복용시키면서 추이를 보자고 말했다.

아이의 육체적, 심리적 생명을 돌리고 있는 생명의 빛은 기쁨이다. 아이는 기쁨을 추구하는 유형으로써 먼저 자신이 기뻐야 하고 그 기쁨을 전파하고 싶은 기본적인 욕구와 소명의식을 가지고 태어난 유형이었다. 우리들 중 누구는 아이와 같은 유형이어서 함께 하고 있는 단체의 분위기가 심각해지거나, 암울해 지면 자신이 나서서 그러한 암울한 분위기를 즐겁게 바꿔 놓아야 한다고 믿는 이들이 있다. 아이와 같은 유형은 내면 깊숙이서 자신이 그러한 암울한 분위기를 바꿔놓아야 한다는 소명의식을 가지고 있기 때문이다.

이러한 유형의 아이들은 어릴 때 개구쟁이였고, 잘 뛰어 놀았으며, 상상력이 풍부했고, 명랑 소녀였거나 소년이었으며, 정확한 언어를 구사할 줄 알았고 머리가 좋아서 가끔 어른들을 놀라게 하기도 했다. 그러나 그러한 유형일지라도 영아기, 혹은 유아기 일 때, 심각한 스트레스 상황에 놓여 있었다면 반대로 실어증을 앓았거나 말이 느렸을 수도 있다. 왜냐하면 아이와 같은 유형은 모든 유형 중에서 가장 좋은 머리를 타고난 만큼 예민하고 섬세하며 상처에 민감하기 때문에 자신을 위해서 어떻게 방어해야 하는 줄 모르는 영, 유아기에 거부되었거나 억눌려왔다면 말을 잃거나 늦어질 수도 있기 때문이다.

우리 모두에게 자신이 방어할 능력이 없었던 시기인 영, 유아기의 상처는 치명적일 수 있으나, 모든 유형 중에서 가장 상처에 예민한 아이의 유형에게는 더욱 치명적이다.

강함의 빛을 타고난 이들은 사정이 좀 다를 수 있으나, 모든 유형 중에서 가장 상처에 예민한 만큼 머리가 좋으며, 아이디어가 많고, 창의적이고 예술적인 아이의 유형은 구속과 압박이 심할 때, 혹은 통제 받을 때 힘이 든다.

가장 상처에 민감한 아이의 유형에게 필요한 것은 따스하게 지지 받는 환경과, 자신의 좋은 머리로 맘껏 창의력을 펼쳐 보일 수 있는 밝고 자유로운 환경이다.

아이가 여태 보여 왔던 행동들을 이해해 보기 위해서 먼저 아이의 제일 큰 환경이 되어온 아이 부모의 성격을 보자. 아이 엄마의 성격은 충실의 빛을 생명의 빛으로 태어난 이여서 착하고 성실하며, 정해진 규칙에 충실한 유형이지만 걱정이 많은 탓에 자신의 머리로 어두운 각본을 쓰기도 하는 유형이다.

그러한 성격을 가진 아이엄마의 눈에는 제멋대로이고 천방지축인 아이의 행동이 더 없는 걱정거리였다. 아이는 자유롭고 가볍고 밝은 것을 좋아하며 암울한 분위기를 자신의 힘으로 바꾸어 놓고 싶은 열정이 있고 창의적인 재능과 반짝이는 아이디어로 맘껏 뛰어 놀고 싶은 성격이지만 아이엄마의 자로 아이를 재어볼 때, 아이는 상당히 문제아였고, 걱정에 가린 엄마의 눈에 들어오는 아이의 모든 행동이 산만하고 위험해 보였던 것이었다.

자신이 가진 재능을 펼쳐 보일 수 있는 환경 – 밝고 명랑한 분위기를 만들어 가는 것을 자신의 소명처럼 느끼고 있는 아이의 입장에서 본 엄마의 근심스러운 모습은 아이로서는 시급히 바꾸어 놓아야 할 것들이었고, 엄마를 즐겁게 해 주려는 시도에서 출발한 개구쟁이 모습들과 신출귀몰한 행동들은 더욱 아이엄마의 걱정을 부추겼을 것이고, 자신의 의도와는 달리 진행되는 악순환을 겪어야 하는 아이의 절망감은 아이에게 견디기 힘든 환경이었을 것이다.

아이 아버지의 성격은 아이의 행동을 일일이 통제하려 들며 잔소리를 해 대는 옳음을 선물로 태어난 성격이었다. 그러므로 자유롭고 밝고 열정적이며, 넘치는 재기와 머리를 가지고 있고, 창의적이고 예술적인 재능을 타고난 아이가 자신이 처해진 가족 환경에서 자신의 성격대로 살아남기 위해서 선택할 수 있었던 것은 자신의 성향대로 간섭 받지 않고 기발하고 창의적인 머리를 써서 맘껏 재능을 발휘할 수 있는 컴퓨터 게임 말고는 찾을 수가 없었던 것이다.

어른이라면 그림을 그린다거나, 스포츠에 빠져서 운동을 한다거나, 여러 아이디어를 가지고 많은 자격증을 딴다거나, 혹은 작가가 되었거나, 광고 기획 등 아이디어가 필요한 일에 종사함으로써 자신의 재능을 펼칠 수 있겠지만 아이들은 그럴 수가 없었다.

이러한 자유 분방한 성격의 아이들이 가정이라는 일차적인 환경에서 자신의 기질과 부모의 기질이 서로 조화롭게 이어지지 않은 혼란한 와중에 준비 없이 가게 된 학교라는 환경에 적응하기란 쉽지 않다.

상처에 가장 민감한 유형인 아이는 자신의 가치와 동기와는 상관없이 자신의 행동이 나쁘게 왜곡, 부정되며 방해 받아 왔다. 따라서 작은 일에도 쉽게 상처 받게 되고, 예민해 지며 자신의 세계에 몰두해서 다른 재미를 찾으려 하게 되었다. 아이가 컴퓨터 게임에 열중했던 것은 아이로써는 그러한 환경에서 자신의 성향대로 살아남기 위한 치열한 생존전략이었던 것이다.

그러한 성향의 아이에게 아이엄마의 걱정 어린 얼굴, 아이의 행동들을 일일이 점검하며 통제하려 드는 아버지, 담임선생님의 따가운 눈총과 잔소리, 친구들의 시선은 아이에게 더욱 힘든 환경을 제공해 줄 뿐이었고, 아이를 더욱 피폐하게 만들어 주었을 뿐이었다. 아이가 그나마 자신의 성향대로 위안을 받을 수 있었던 곳은 컴퓨터 게임이었던 것이다.

그러므로 아이는 자신의 성향대로 살아남기 위해 방해 받지 않고 즐길 수 있는 컴퓨터 게임을 찾아 부모님들과 사투를 벌려왔던 것이다. 컴퓨터 게임 중독 역시 나쁜 것이었지만, 컴퓨터 게임은 아이가 그 보다 더 심각한 정신질환으로 발전하지 않도록 도와준 장치였을 수 있다.

아이엄마가 정신과를 찾았을 때, 아이엄마는 이러한 아이의 행동을 자신의 걱정스런 눈으로 더욱 부풀려서 이야기 했을 것이고, 아이에게는 그러한 엄마의 모습을 보는 것이 더욱 힘이 들었으며, 엄마와 의사선생님 앞에서 더욱 혼란된 행동을 해 보였을 수 있었을 것이다. 이러한 방식으로 아이의 증상이 증폭되면서 아이의 유형은 실제로 정신과적 질환을 앓게 될 수가 있는 것이다.

성격 유형은 그 유형이 가지고 있는 신체조건 즉 얼굴, 피부, 표정, 눈빛 등을 가지고 있는데, 필자의 경험에 의하면 약물중독, 알코올 중독 또는 도박중독 혹은 정신과적 질환을 앓고 있는 대부분의 유형이 아이의 유형임을 보아왔다.

그러나 아이와 같은 유형은, 자신의 성향대로 재능이 발휘될 수 있는 환경이 주어졌을 때, 아이가 가지고 있는 다방면에 걸친 지적 호기심으로 더러는 영성을 연구하는 성직자가 되기도 하고 열정과 아이디어로 아이들을 가르치는 선생님이 되기도 했고, 예술적인 기질로 미술가가 되기도 했고, 열정과 아이디어로 오케스트라를 지휘하는 유명한 사람이 되기도 했으며 스포츠맨이 되기도 했고, 창의력과 아이디어로 굵직한 행사를 기획하고 이끌어 주는 큰 이벤트 회사를 경영하고 있기도 하고, 유명한 작가가 되었으며, 개그맨이 되기도 했고, 미 대통령 오바마처럼 성공한 정치인이 되기도 하는 등 가지고 있는 많은 아이디어로 사회에 공헌하며, 창의력이 필요한 우리 사회 곳곳에서 자신의 재능을 발휘하며 유쾌한 유머와 정확한 언어 구사력으로 단체에게 희망과 기쁨을 주며 단체를 이끌어 가는 사람들이 되었다.

아이의 유형은 열정과 다방면에 걸친 재능과 창의력을 가지고 있는 유형이어서 꾸준히 노력할 때 많은 것들을 성취할 수 있기 때문이다.

그러니 얼마나 비극적인 일인가? 있는 그대로 알아듣고 있는 그대로 볼 줄 모르고, 자신의 눈으로 잘못 보고, 자신의 귀로 잘못 알아들은 결과 우수한 사회 구성원으로 자라날 수 있는 아이에게 아이로써 도저히 감당할 수 없는 가혹한 현실을 만들어 주었고, 실제로 정신과적 질환을 앓도록 유도 되었으며, 이러한 결과가 결국 사회문제로 확산되고 있는 것이다. 아이는 지극히 정상적이었는데도 말이다.

아이에게 근본적인 처방이 되어 주는 것은 밝고 가볍고 자유롭고 따뜻한 분위기와 창의성을 자극해 주고 즐길 수 있도록 해 주는 환경을 만들어 주는 것이다. 그러기 위해서 아이에게 제일 큰 환경일 수 있는 아이엄마의 성격 – 항상 걱정하는 모습만을 보임으로써 밝고 긍정적이고 기쁘고 즐거운 생활을 추구하는 아이에게 독이 되어 왔던 아이 엄마의 성격을 긍정적이고 밝게 변화시켜야 했다.

아이 엄마는 자신이 스스로 찾아낸 유형이 자칫 걱정이 팔자인 그러한 집착을 가지고 있는 성격임을 알았고, 아이를 위해서 집착을 버리고자 엄청난 노력을 했으며, 밝고 즐거운 분위기를 만들어 주어 긍정적인 생각과 행동으로 아이를 격려해 주었다. 아이에게는 컴퓨터게임 대신 그림 그리기 등 놀이치료와 운동, 글쓰기 등을 권장해 줌으로써 컴퓨터가 아니라도 재능을 발휘할 수 있는 환경을 만들어 주려고 노력했으며, 담임선생님에게는 아이가 병이 아니고 그러한 성격을 타고 났다는 것을 설명 해줌으로써 협조를 구했다.

얼마 지나서 아이 엄마는 담임선생님으로부터 아이가 머리가 좋다는 이야기를 들었다고 전해 주었고, 아이와 아이의 환경이 된 가정 문제들이 해결되어 가고 있음을 알려왔다. 아이의 문제는 이렇게 해결되어가고 있었다.

L씨는 옳음이 육체적 심리적 생명을 움직이는 형으로써 완벽을 추구하는 형이다. 일에 있어서 철두철미하다는 평을 듣는 그는 의무나 책임, 언행일치를 중요한 가치로 살아가며, 단순하고 솔직하며 부풀리거나 꾸밀 줄은 모른다. 그의 생활은 재미없는 단조로운 생활이나, 바른생활 교과서라는 별명을 들은 정도로 도덕적이며 규칙적이다. 학창시절 도시락을 먹다가 들켰을 때 담임이 불러내어 〈너 지금 뭐하고 있냐?〉하고 물었을 때 고지식한 L씨는 〈도시락에서 콩 골라 먹고 있었습니다.〉라고 대답했다고 한다.

　이혼한 지 5년째인 그는 아직도 아이들을 만나 공부를 가르쳐 주고 있다고 말했다. 무슨 과목을 가르쳐 주느냐는 물음에 그는 놀랍게도 전 과목을 거의 다 가르치고 있다고 대답했다. 그는 중학교에 다니고 있는 아이가 자신을 만남으로써 허비될 수 있는 시간을 생산적인 시간이 되도록 배려해 주고 싶어서라고 설명했다. 그는 아이들의 교과과정을 훤히 꿰고 있었고, 그러한 시간을 5년이나 지속해 오고 있었다.

　그토록 성실하고 책임감 있는 그가 어떻게 이혼을 하게 되었을까? 이혼한 지 5년이 지났지만 그는 여태 한 번도 재혼을 생각해 본 적이 없었으며, 앞으로도 재혼할 생각이 없다고 말했다. 그는 여전이 전 부인을 사랑하고 있으며, T.V 앞에서 졸리는 눈으로 자신을 기다리고 있는 아내의 얼굴을 기억하고 있으며 아직도 잊을 수가 없노라고 애틋하게 말했다.

　"지금까지도 아내의 사랑을 한 번도 의심해 본 적이 없었고, 왜 우리가 이혼을 해야 했는지 이해할 수가 없는데, 아내는 제가 아내를 사랑하지 않는다는 것입니다." 그의 인생에 있어서 최대의 미스터리는 자신은 온 마음을 다해 가족을 위해서 일하며, 가족을 위해서 온갖 희생을 감내하며 살아왔는데 그러한 그의 희생과 사랑을 그의 아내가 이해하지 못한다는 것이었다.

더욱 기가 막힐 일은 자신이 그토록 설명을 했어도 아내는 자신이 아내를 사랑하지 않는다고 믿는 것이고 그러한 이유로 이혼을 당해야 했던 것이다. 그럼에도 불구하고 그는 아직도 아내를 잊을 수가 없으며, 사랑하고 있다는 것이었다. 실제로 그의 생활은 여전이 이혼한 그의 가족에게 헌신하고 봉사하고 있는 생활이었다.

어떻게 이러한 일이 일어날 수 있는 것일까? 어떻게 하여 그의 아내는 그의 사랑과 희생을 그처럼 알아듣지 못하는 것일까? 그렇다. 우리 모두는 같은 언어를 쓰고 있고, 같은 의사소통 방식을 가지고 있다고 하더라도, 자신의 귀로 듣고 자신의 눈으로 해석하기 때문에 서로의 언어와 행동을 완벽하게 이해할 수가 없다.

우리 모두는 사랑을 표현하고 나누는 일에 있어서 서로 다른 표현방식을 쓰고 있으며, 완벽주의자인 그와 다정다감한 형인 그의 아내가 쓰고 있는 표현방식 역시 달랐던 탓에 서로 알아듣지 못했던 것이다.

완벽주의자인 그는 많은 "당연과 의무"를 가지고 있는 성격이어서 누구보다도 책임감 있게 모든 일을 완벽하게 처리하는 형이었다. 그는 토요일도 일요일도 없이 일하는 날이 많았는데, 그에게 있어서 일이란 아내와 가족에 대한 사랑과 책임과 헌신으로써의 일이었다. 그는 또한 사랑이란 서로 말없는 신뢰 안에서 이루어져야 한다고 믿기 때문에 사랑을 말로 표현해 버릴 때 그 가치를 상실한다고 믿고 있는 터였다.

그렇기 때문에 그는 노골적인 사랑의 표현에 대해서 상당한 거부감 내지는 어려움을 가지고 있었다. 그만큼 그의 내면에서 정의하고 있는 사랑이란 숭고하고 희생적이어야 하며 심각한 그 무엇이어야 하는 것이기 때문이다.

그처럼 보수적인 사랑의 가치를 고집하고 있는 그에게 있어서 아내에게 선물할 장미를 들고 온다거나, 분위기 있는 부드러운 와인을 곁들인 달콤한 대화를 준비한다거나 하는 일은 도무지 어울리지 않는 것이었다. 그러나 그의 아내는 분위기 있는 애정표현을 원했고, 부드럽고 달콤한 포도주가 있는 식탁과 정겨운 대화가 필요했다. 그러나 그의 방식대로라면 아내가 원하는 것은 제비족이나 할 수 있는 아주 얕은 사랑 놀음이지 진정한 사랑은 아니었던 것이다.

사랑을 표현하는 그의 방식은 책임과 의무에 충실한 큰 틀과 믿음 안에서 이루어 져야 하는 것이므로 분위기 있는 부풀린 말이나, 잡다한 표현 등은 오히려 믿음 안에서 이루어져야 할 진정한 사랑을 모독하는 것이다. 그러한 이유로 그는 종종 〈사랑한다.〉라는 말을 듣고 싶다는 아내의 간청에 얼굴을 붉히기도 했던 것이다.

각자가 가지고 있는 표현방식은 각자가 지니고 태어난 뿌리 깊은 자신의 가치에 바탕을 두고 있으므로 쉽사리 고쳐질 수가 없는 것이어서, 이혼을 하고 5년이 지난 지금까지도 그는 여전이 아내와 아이들을 위해 살고 있지만, 우울하고 고독한 삶을 살아가고 있을 수밖에 없다.

이러한 부부에게 해결 방법은 없는 것일까? 사실 완벽주의자만큼 믿을 만한 사람들도 없다. 그들은 신용을 지키는 사람들이며, 대부분 말과 행동이 다르지 않는다. 그들은 부인이 먼저 세상을 떠나도 좀처럼 재혼할 생각을 하지 않는 일편단심인 사람들인데도 말이다.

우리는 간혹 소문난 잉꼬부부였는데, 상처한 지 석 달이 채 못 되어 재혼했다는 소식을 듣기도 한다. 통계를 보면 요란한 잉꼬부부일수록 재혼의 시기는 앞당겨 진다고 한다. 우리가 겉으로 가지고 있는 애정 표현방식만으로는 우리의 내면 깊숙이 움직이고 있는 우리 행동의 동기를 모두 알 수가 없는 것이다.

"표현되지 않고 있는 사랑은 사랑이 아니다."라고 들 말하지만, 표현되지 않는 사랑일수록 더욱 깊을 수도 있다. 다정다감한 언어로 표현되지 않더라도 깊은 내면의 사랑을 가지고 있을 수 있지만 알아들을 귀가 없었고, 볼 수 있는 눈이 없었고, 내 방식만을 고집하고 내가 가지고 있는 자로 상대방을 잰 결과 잘못 이해하고 잘못 판단하고 잘못 반응함으로써 오해와 반목과 상처를 주고받게 되는 것이다.

같은 생각, 같은 말, 같은 행동을 했다고 하더라도 자신이 가지고 있는 가치에 따라 다른 동기에 의한 생각이었고, 다른 동기에 의한 말이었고, 행동이었는데, 우리는 상대방의 생각과 말과 행동을 자신의 가치에 따라 자신의 눈과 귀로 보고 듣고 해석하므로 왜곡시키고 서로 상처를 주고 받았으며 서로에게 가혹한 현실이 되어 왔던 것이다. 우리에게 문제는 결국 의사 소통이었다.

이들 부부들이 일찍 자신들의 성향을 깨닫고 좀 더 유연해져서 서로 상대방의 눈으로 내면을 살폈더라면 서로를 이해했을 것이고 그들 부부와 아이들, 나아가서는 사회전반에 부정적인 영향을 줄 수 있는 이혼이라는 극단적인 방법을 선택하지는 않았을 것이다.

　본 모습 찾기 프로그램을 통해서 우리는 같은 생각, 같은 말, 같은 행동을 했다고 하더라도 다른 가치와 다른 욕구와 다른 충동으로 다른 동기에 의한 말이었고 다른 동기에 의한 행동이었다는 것을 알게 된다. 그리고 자신이 가지고 있는 잣대로 다른 사람의 말이나 행동을 이해하고 해석함으로써 오는 몰이해와 왜곡, 부정, 그로 인한 우리의 갈등과 상처들을 치유시켜 주며 나의 변화와 더불어 조화와 균형이 있는 가정, 나아가 조화로운 사회 변화를 모색하도록 격려해 준다.

6) 우리는 서로에게서 생명력을 주고 받는다

주어진 생명 안에서 지고의 평화와 기쁨, 사랑을 누리고 있어야 할 우리에게 어두움과 두려움과 고통과 죽음이 찾아 온 이유는 우리의 잠자는 의식 때문이다.

히틀러는 군에 입대하기 전 미술을 지망한 선량한 사람이었고, 아직 남아있는 그의 그림을 보면 살인마라고 믿기 어려운 평화를 담고 있다. 유대인과 독일인을 보는 그의 의식이 차별 대립으로 움직이지 않았다면, 그의 창의력이 좌절되지 않고 지켜졌다면, 유대인 대 학살이라는 엄청난 일은 일어나지 않았을 것이다.

히틀러의 하수인으로 대 학살을 집행했던 아이히만 역시 가족을 사랑하고 예술을 사랑했던 결코 살인마의 얼굴을 가지고 있지 않는 평범한 얼굴이었다고 한다. 그가 집행한 학살로 많은 사람이 독가스 실에서 죽어가고 있는 그 시각에도 그는 아이들과 부인에게 따스한 사랑의 메시지를 주고 받았다고 한다.

엄청난 살상이 자신의 손으로 자행되고 있는 그 시각에 아이히만이 보여주는 가족과의 정겨운 대화는 인간이 저지를 수 있는 악의 보편성을 드러내 주고 있다. 우리는 종종 엄청난 연쇄 살인을 저지른 사람의 얼굴이 얼마나 선량한 얼굴을 하고 있는지에 대해서 놀란다.

아무도 악을 저지른다는 의식을 가지고 저지르지는 않는다. 이유 없는 무덤이 없듯이 악을 저지르는 이유에는 반드시 그 만이 설명할 수 있는 이유가 있다. 차별, 대립으로 움직이는 인간의 잠자는 의식이 주체적으로 행동할 때 선을 보는 다른 시각과 판단이 서로를 죽이고 살생을 하도록 만든다.

원자핵의 분열 반응이 연쇄적으로 일어남으로써 엄청난 파괴력을 갖게 되는 원폭은 존재에 대한 통찰이 없는 차별, 대립의 반 생명적인 에너지에 의한 부정적인 감정 – 두려움이 만들어 낸 과학적 소산이다. 빛을 이용한 이러한 살상 무기의 제조방식은 빛의 생명력이 어떻게 죽음의 빛으로 변할 수 있는가를 보여주는 의미 있는 단서가 된다.

앞서 말한 바와 같이 우리는 의식의 흐름에 따라 그 의식의 얼굴로 변화하는 얼굴을 가지고 살아간다. 우리들 존재의 깊은 의식 안에서 함께 하는 말씀(절대 의식)은 우리가 잠자는 의식에서 깨어날 때 언뜻 언뜻 자신의 모습을 내 비출 수 있고, 잠자는 의식 안에서는 우리의 말(개별 의식)이 되어 악을 저지르는 얼굴이 되기도 한다.

우리의 의식이 늘 깨어 있을 수 없는 이유는 하느님의 마음, 절대 의식과 상관없이 내 힘으로 선, 악을 판단해 보려는 이기적인 자아가 신성의 빛– 본질과의 연결을 막음으로써 우리의 의식이 어두워지기 때문이다. 우리의 이기적인 자아가 차별, 대립으로 움직일 때 우리는 어둠 속에서 두려움과 함께 좌충우돌하며 헛손질을 계속하게 된다.

우리의 존재는 스스로 있지 않고 신성의 빛과 연결되어 있는 빛의 존재이므로 신성의 빛, 절대 의식과 상관 없이는 선명한 판단 자체가 불가능하다.

에니어그램의 스승 구르지예프는 감옥에 있는 인간이 탈출을 하려면 먼저 그가 감옥에 갇혀 있다는 것을 깨달아야 한다고 말한다. 우리가 스스로 만들어낸 감옥에 우리의 의식이 갇혀 있다는 사실을 자각한 몇 사람들과 공동목표를 가지고 서로 깨어날 수 있도록 목표를 가지고 작업을 해야 한다는 것이다.

인간이란 아무도 혼자서는 어떤 것도 할 수 없다는 것을 간파한 구르지예프는 인간이 스스로를 묶고 있는 혼자만의 사고와 감정을 내던져 버리고 함께 차원 높은 영적(靈的) 자유에 도달하도록 하고자 〈워크(work)〉라 불리는 시스템을 제시하였다.

구르지예프의 〈워크(work)〉에서는 사람을 분석하지 않는다. 객관적인 지식과는 달리 사람의 일이란 머리로 분석해 보는 것으로는 이해할 수가 없다. 태어난 빛의 가치관에 따라 고착된 의식, 그 잠자는 의식 수준 선상에서 멀리 분석해 나갈 수 있을 뿐이다. 그렇기 때문에 사람에 대한 분석은 늘 자신의 것이지, 분석하는 대상의 것은 아니다. 집착에 갇힌 우리들의 눈과 귀로 보고 들음으로써 우리의 이해는 제한되며, 상대를 있는 그대로 선명하게 보지 못한다. 인간에 대한 이해는 본질에 닿는 사랑 안에서만 통찰이 가능하다.

까를로 까레또는 그의 저서 〈도시의 광야〉에서 이렇게 말한다.
〈하느님의 신비는 사람의 마음속에 자리하고 있다. 우선은 머리의 지력으로 알아듣기 쉬운 것 같아도 그것은 오직 사랑 안에서만 메아리 친다. 당신은 사랑함으로써 이해하게 된다. 사랑한다는 것은 마음속을 터놓는다는 것이다. 표징은 사랑할 때 명백하게 드러나 보이고 올바르게 해석되고 이해된다.〉

까를로 까레또의 말 – 마음속을 터놓는 다는 의미는 우리가 본질에 닿아 실재로 관계를 맺는다는 뜻이다. 그럴 때 우리는 실제로 연결 되며 서로 생명의 빛을 주고받을 수 있다.

그러나 누군가가 상대방을 속이고 또 속아 넘어갔다면 속아 넘어간 사람 역시 속이고 있는 상대방의 의식수준과 함께 하고 있다는 의미이다. 우리의 의식이 본질에 닿지 못할 때 이런 일이 생긴다. 그러므로 속이는 사람과 속는 사람 모두는 결국 반 생명적인 부정적인 감정을 경험하게 된다.

자신과 서로를 기만하는 이러한 태도로 인해서 우리는 존재의 본질에 닿을 수 없다. 그러므로 우리들의 본질, 본성에 따라 요구되는 소망에 의해 생각하고 말하고 행동하고자 했던 것은 없어지고 혼돈 가운데 나는 누구이며, 나의 진정한 소망이 무엇인지도 모른 채, 헛된 바램들을 키워 왔으며, 산의 정상으로 힘겹게 밀어 올린 돌덩이를 또 다시 힘겹게 들어 올리는 헛손질을 되풀이 해 왔다.

생각하고 느끼고 판단하는 나의 의견과 목소리, 나의 정체성을 가지고 이지, 감정, 의지의 심적 작용에 이끌리고 있는 나, 의식하는 나를 우리는 자아(自我)라고 부른다. 나의 육체적 심리적 생명을 움직이며 이끌어 가고 있는 자아(自我)로 표현되는 나 – 사랑과 생명과 영원을 노래하는 나는 분명 한 순간도 그 자리에 있을 수 없는 육체적 신체너머로 있는 실재적 존재, 하느님의 생명에 의해 움직이고 있다.

보편적인 하느님의 사랑이란 심리학에서, 철학에서, 불교에서 혹은 도교에서, 혹은 인도의 철학에도 함께 있으며, 심리학, 철학, 과학 역시 생명, 실재적 존재인 절대자를 찾아가는 우리들 인간의 생존을 위한 몸짓이다.

그런 의미에서 융 심리학은 하느님의 사랑에 대한 신비를 설명하게 해 주는 구체적인 도구를 우리에게 제시해 준다. 융은 무의식 가장 깊은 곳에 우리의 의식을 이끌어 가고 있는 우리의 원형이 있고 우리의 원형을 신의 이미지, 자연의 빛이라고 설명했다. 신의 이미지, 자연의 빛은 앞에서 말한 바와 같이 말씀, 절대 의식의 빛이다. 그러므로 융의 원형론은 표현이 다를 뿐, 인간이 하느님의 모상이며, 신성의 빛인 하느님의 마음으로부터 온 말씀의 빛으로부터 왔다는 것을 명백하게 설명하고 있다.

융은 원형을 자기(self)라고 표현함으로써 감각세계의 육체적, 심리적 생명인 우리들의 신체 너머로 실재하는 절대아(絶代我), 하느님의 생명에 대해서 이야기하고 있다. 불교에서도 감각세계의 육체적, 심리적 생명을 원래부터 없는 것이라는 설명과 함께 가아(假我)라고 부르며, 가아(假我)에 맞서는 진아(眞我)라는 이름으로 우리들의 실재, 혹은 실체인 절대아를 설명하고 있다.

융이 자기(self)로 표현했던 절대아는 절대 의식의 주체이다. 앞에 언급한 대로 절대의식은 차별, 대립을 근거로 하고 있으나 차별, 대립을 초월해 있다. 그러므로 아홉 절대 의식 중 한 개별화된 의식에너지에 의해 육체적 심리적 생명을 가지고 태어난 우리의 자아는 분별, 차별 안에서 움직이고 있으나, 존재의 깊은 의식 안에서는 말씀, 절대 의식으로서 함께 있다.

그러한 이유로 의식할 수 있는 개별 의식 안에서 우리 각 개인은 구별되나, 의식할 수 없는 무의식 층에서 우리의 의식은 서로 연결되어 있으며, 집단 무의식 안에서 하나로 얽혀있다. 일례로 집단 무의식 안에서 불교적 성향이 강하게 흐르고 있는 한국 가톨릭에서는 장례를 지낸 후 불교적인 관습에 따라 49일 기도를 드리기도 한다.

얼마 전 김수환 추기경의 49일 연도(죽은 이를 위한 기도)가 끝났다는 보도는 집단 무의식이 우리들 일상에 미치고 있는 영향력을 표현해 주고 있다.

그리고 더 깊은 의식인 신화소(神話素)안에서 인류의 의식은 더욱 얽혀있다. 예를 들어 그리스 신화에서 빛의 탄신일인 12월 25일을 그 시대의 신화적 배경과 문화의 영향 하에 쓰인 성서에서 빛의 상징인 예수 그리스도의 탄신일로 정하고 있다.

이처럼 지구촌의 각 민족이 공유하고 있는 각 신화는 신화소 안에서 하나로 얽혀있다. 그리고 가장 깊은 의식인 우리의 원형(原形), 본성(本性) 본질(本質) 혹은 자기(self), 절대아, 실재(實在)는 하느님의 생명 안에서 하나의 공동체로서 연결되어 있다.

융은 우리의 의식이 경험적 자아라면, 우리의 의식을 이끌어 가고 있는 무의식을 선험적 자아라고 정의했다. 그러므로 우리는 같은 의식의 뿌리인 선험적 자아, 원형 안에서 비록 우리가 직접 경험한 의식이 아니라 하더라도 의식의 공명을 경험하게 된다. 우리 각개인은 온 우주의 신비를 품고 있는 주체이면서 객체이기 때문이다.

우리의 의식은 가장 깊은 의식인 우리의 원형(原形), 본성(本性) 본질(本質) 혹은 자기(self),

절대아, 실재(實在) 안에서 하나의 뿌리로 연결되어 있어서 공명할 수 있으므로 우리가 자신에게 주어진 본성대로 올곧게 평화로이 살 수 있을 때, 혹은 주어진 본성대로의 기쁨 속에 살 수 있을 때, 혹은 주어진 본성대로 사랑하며 살 수 있을 때, 우리 모두는 서로에게 생명의 빛이 되어줄 수 있다.

본성대로의 평화, 기쁨, 사랑은 하느님의 사랑, 하느님의 기쁨, 하느님의 평화이기 때문에 우리 모두에게 공명을 일으킬 수 있기 때문이다.

그러면 말씀(절대 의식)에 이끌리고 있는 의식하는 나, 자아(自我)의 존재에 대한 명확한 이해를 위해서 자아(自我)가 어디서 어떻게 드러나는가를 살펴보자.

북의 성질을 나타내는 북소리는 어디서 드러날까? 북소리는 북과 북채와의 관계 안에서 드러난다. 북소리는 북과 북채와의 관계 안에서 북과 북채의 재질에 따라 상호작용하여 반응하는 소리로써 드러난다.

그렇다면 의식하는 나, 자아(自我) 역시 대상과의 관계 안에서 드러날 것이다. 의식하는 나, 자아(自我)는 대상과의 관계 안에서 나와 대상의 기질(氣質)에 따라 상호작용하여 반응하는 의식으로 드러날 것이다.

우리는 단체 안에서 함께 무언가를 도모하고 있을 때, 어떤 이의 등장에 따라 단체의 분위기가 달라진다는 것을 경험한다. 어떤 이가 나타나면 무턱대고 즐거워지는가 하면 또 어떤 이는 들떠있던 단체의 분위기를 부드럽고 안정되게 가라앉히기도 하고, 또 어떤 이가 나타나면 단체가 활기를 띠기도 한다.

그러나 우리의 상태가 나쁠 때, 우리는 공동체에 해악을 끼치는 존재가 되기도 한다. 우리가 가지고 있는 에너지 즉 파장은 정확하게 우리가 속한 단체의 분위기를 만들어 나간다.

정서적 지지를 받지 못하여 죽어간 루마니아의 한 고아원에서 있었던 예는 사람들의 생명현상유지에 가장 필요한 것이 관계 안에서 오는 정서적 지지라는 것을 증거하고 있다. 사람은 엄밀하게 관계 안에서 상호작용을 주고받으며 존재하므로 혼자 살아갈 수 없다. 그런 이유로 죄수들에게 가장 큰 형벌은 독방감금이다.

사람들 간에 오고 가는 정서적지지 효과가 사람의 생명현상에 관여한다는 예를 입증하는 사례로서 마더 데레사 효과를 들 수 있다. 마더 데레사 효과란 인도의 빈민층을 위하여 헌신적인 봉사와 사랑, 섬김의 생애를 살았던 마더 테레사 수녀를 떠 올릴 때 사람들의 마음이 훈훈해지고 착해지면서 몸이 따스하게 이완된다는 것을 말한다. 하버드 의대에서는 마더 데레사를 떠올릴 때 사람들의 신체 내에서 바이러스와 싸우는 면역강화 물질이 생기게 된다는 실험을 했고 보고서를 작성했다고 한다.

존재의 본질에 닿은 이러한 사랑은 유형과 관계없이 모든 유형의 사람들에게 공명을 일으키며 생명의 빛이 되어줄 수 있다. 왜냐하면 말씀(절대 의식)으로서의 의식 에너지는 하나의 의식에너지라 할지라도 모든 의식을 포함하는 생명에너지로 작동하기 때문이다.

그러므로 융은 자기(self), 절대아(絕代我)의 개성화, 즉 나의 실재인 무의식 층의 원형을 의식화함으로써 인격의 통합을 이루어 나갈 수 있다고 설명했다. 그러므로 우리들의 이상상 영원한 생명과 사랑, 진리와 선함과 아름다움을 추구함에 있어서 우리에게 주어진 과제는 우리의 의식 안에서 개별화된 의식을 절대 의식화하는 것이다. 절대 의식화가 융이 설명하고 있는 개성화의 진정한 의미이다.

구르지예프 역시 같은 의미로 무의식 가장 깊은 곳에서 우리의 의식을 움직이고 있는 절대아(絕代我)에 대해서 이렇게 설명했다. 〈우리에게는 여러 개의 마음이 있다. 진리를 염원하는 마음, 그 진리를 탐구하는 마음, 덫처럼 깔려있는 삶의 문제들을 해결하고자 안간힘 쓰는 마음, 사물과 현상의 본질을 관통해 보고자 노력하는 마음, 그리고 그 여러 개의 마음을 뚫고 들어가려는 마음까지. 우리가 진정으로 숙고한다면 이 모든 문제들을 해결하기 위해 어떤 길로 들어서든 결국 우리 자신에게로 돌아오게 될 것이다. 거기서부터 우리는 '나는 누구인가' '나는 왜 여기에 있는가' ' 삶의 목적은 무엇인가?' 와 같은 본질적인 문제들의 해답에 접근하게 된다.〉

구르지예프는 우리에게 생명력을 주는 의식에너지 층에 대해서 소상히 밝혀준다. 첫 번째는 일상의 일을 하는 데 필요한 층이고, 두 번째는 비상시를 위한 층이며, 세 번째는 우주적인 절대 의식 에너지 층이라고 설명한다. 우리는 세 번째 생명 의식 에너지 층에서는 생명의 힘을 얻는다고 설파했다. 구르지예프가 말하는 세 번째 에너지 층이 바로 말씀(절대 의식)의 생명, 하느님의 생명이 함께 하고 있는 에너지 층이다. 세 번째 에너지 층에서 우리는 하느님의 힘에 의해 받쳐진다. 구르지예프의 의식 에너지 층은 융의 무의식 층과 맥을 같이 하고 있다.

첫 번째 의식 층에서 우리는 대부분 습관에 의해 관계 안에서 차별, 대립의 움직임으로 일어나는 자동반응을 가지고 있다. 그리고 그러한 자동반응으로 온 화, 두려움, 수치심이라는 의식과 자신을 동일화할 때 우리는 반응을 하고 있는 그 부정적인 의식과 기운에 에너지를 주게 되고, 그럴 때 우리의 육체적, 심리적 생명은 부정적인 감정에 의해 상한다는 것이다. 첫 번째 일상 층에서 일어나는 일들이다.

두 번째는 비상시를 위한 에너지 층이 있는데, 바로 위기 상황에서 끌어오게 되는 불가사의한 힘이다.

세 번째 층은 순수 절대 의식에너지 층으로서 하느님의 말씀, 절대 의식에 의해 움직이는 생명 에너지 층이다. 우리가 하느님의 생명력으로 살아가기 위해서 필요한 것은 육안으로 보이지만 결코 실재라고 말 할 수 없는 육체적, 심리적 생명과 나를 동일화 하지 말아야 한다는 것이다.

우리의 육체적, 심리적 생명은 엄밀하게 관계 안에서 존재한다. 그러므로 내가 설혹 차별, 대립으로 움직이지 않았다 하더라도 타자의 일차 에너지 층에서 보인 자동 반응으로부터 온 부정적인 기운에 의해 두려움, 수치심, 화 등을 경험할 수 있다. 그러나 중요한 것은 내가 부딪히고 있는 그 부정적인 기운과 나를 동일화해서 그 의식의 기운에 에너지를 주지 말아야 한다는 것이다.

생각하고 느끼고 판단하는 모든 행위들은 관계 안에서 일어나는 육체적, 심리적 생명의 자동 반응일 뿐이며, 진실한 나의 존재 – 나의 실재 – 말씀(절대 의식)에 의한 반응은 아니다. 우리의 실재는 결코 실재라고 말할 수 없는 육체적, 심리적 생명 안에 없다.

그러므로 나의 실재 – 하느님의 생명에 닿기 위해서는 나와 육체적, 심리적 생명과의 동일화와 동일화에서 오는 자동 반응을 멈추고 관조하라는 것이다. 그렇게 될 때 나는 〈내 안의 진정한 나〉인 실재 – 하느님의 생명에 닿을 수 있으며 하느님의 생명력으로 환하게 피어날 수 있는 것이다.

팔 다리가 없이도 행복한 삶을 살고 있는 닉 부이치치(Nick Vujicic)는 이렇기 말한다.

"내 이름은 닉 부이치치입니다. 나는 세계를 여행하는 것을 좋아하고요. 낚시, 골프, 수영도 좋아합니다. 나는 내 삶을 즐기고 있습니다. 나는 행복합니다."

상식을 넘어 다이빙과 수영을 즐기고, 세계 각지를 여행하면서 인생을 즐기고 있는 닉 부이치치는 환하고 행복한 삶을 누리고 있는 모습을 보여 줌으로써 우리에게 희망과 기쁨과 활력을 주고 있다. 그는 이웃, 친구를 알기 시작할 무렵인 겨우 7살 때 삶을 끝내고 싶었다고 한다. 그는 놀랍게도 삶을 끝내고 싶었던 이유가 사람들이 그를 이해해 주지 않았기 때문이었다라고 말한다. 그는 그럴 때마다 두려웠고 나약해 졌으며 삶의 의욕을 잃었다고 말한다.

그의 삶을 방해하는 것은 몸통뿐인 그의 신체적 장애가 아니라 차별, 대립이라는 의식으로 움직이는 친구들의 몰이해와 편견에서 오는 두려움이었다. 그가 삶을 영위해 나가기 위해서 필요했던 건 가족 이외에도 이웃, 친구들의 사랑과 이해였기 때문이다.

관계 안에서 오는 정서적지지 – 평화, 사랑, 기쁨은 우리에게 생명에너지로 작동하고, 우리가 섭취한 음식조차 그것이 신체 안에서 생명을 살리는 재료로 작동되도록 하는 것은 따스한 공감 안에서 갖게 되는 사랑과 기쁨과 평화이다.

우리에게 긍정적 의식의 빛은 생명에너지이지만 차별, 대립을 향해 움직이는 부정적 의식의 빛은 반 생명 에너지– 죽음의 빛이다. 죽음의 빛이 가져오는 것은 부정적인 감정인 두려움, 수치심, 화 등의 부정적인 기운이다. 이러한 부정적인 기운은 사람의 생명을 죽이는 반 생명적인 에너지이다.

닉 부이치치는 삶을 위협하고 있는 것이 바로 두려움이었다라고 털어놓는다. 몰이해와 편견에 대한 이러한 종류의 두려움, 수치심, 화는 닉 부이치치 뿐 아니라, 모든 장애인들에게서 보편적으로 듣고 있는 이야기이다. 그는 삶을 방해하는 두려움의 정체를 보았고, 그때 마다 가족의 이해와 사랑을 떠 올렸고 그의 가족들은 닉 부이치치에게 존재의 기쁨과 사랑과 평화를 느낄 수 있도록 힘을 주었다. 그는 가족의 사랑을 떠 올리며 힘을 얻었고, 두려움에서 벗어날 수 있었다고 한다.

두려움에서 벗어난 그는 삶이 주는 모든 가능성을 시도해 보았고 이루어내었다. 닉 부이치치의 경이로운 삶은 그의 삶 그 자체로 우리에게 희망과 기쁨의 메시지가 되고 있다. 닉 부이

치치는 강연장에서 팔다리가 없는 몸통뿐인 자신의 몸이 넘어지는 장면을 연출해 보여주면서 이렇게 말한다.

"이렇게 넘어지면 어떻게 하지요? 여러분도 알다시피 다시 일어나야 하지요. 왜냐하면 이렇게 넘어진 상태로는 아무 곳에도 갈 수 없으니까. 하지만 살다 보면 일어날 힘이 없다고 느껴질 때가 있어요. 왜냐하면 저는 이렇게 넘어져 있고 저는 팔, 다리가 없거든요. 제가 다시 일어나는 것이 불가능 하겠지요?

그러나 그렇지 않아요. 저는 백 번이라도 다시 일어나는 것을 시도할 거예요. 아마도 백 번 모두 실패하고 제가 일어나는 것을 포기한다면 저는 다시 일어나지 못할 거예요. 하지만 실패해도 다시 시도한다면 그리고 또 다시 시도한다면 그건 끝이 아니에요. 강인하게 이겨 내실 건가요?"

넘어진 채로 그는 청중들에게 넘어져서 다시 일어날 힘이 없다고 여겨질 때 어떻게 하실 거냐고 묻는다. 그리고 그는 "다시 일어나실 용기가 있을 거예요."라고 말하면서 자신으로부터 조금 떨어진 곳에 놓여 있는 책으로 기어간다. 그리고 책 위로 머리를 박고 그 반동으로 서서히 일어난다.

장내는 숨소리조차 조심스러운 긴장이 흐르고 그가 드디어 몸을 바로 세울 수 있었을 때 청중들 눈에서는 뜨거운 눈물이 흘러내린다. 그리고 강연장 안은 희망과 사랑과 용기와 기쁨이 주는 파장인 하느님의 생명으로 충만해지고 닉 부이치치와 청중들의 얼굴은 온통 하나로 환하게 타오른다.

그 순간 강연장에는 아무 물질적인 재료 없이 희망과 기쁨과 사랑이 주는 파장인 생명에너지만으로도 인체에 놀라운 화학적 변화를 일으키며 닉 부이치치와 사람들의 얼굴은 환하게 타오른다.

존재의 깊은 의식 안에서 우리를 받쳐주고 있는 존재의 빛 – 기쁨, 사랑, 평화의 빛은 우리들 육체적 심리적 생명을 살게 해 주는 절대적인 힘으로서 우리의 얼굴과 몸을 통해서 모두에게 전하게 함으로써 생명의 빛이 되고자 한다.

성서에 "장애인은 왜 있느냐?"고 묻는 질문에 예수 그리스도는 이렇게 말한다. "하느님의 영광을 드러내려고 있다."

닉부이치치는 아직도 팔다리를 주시라고 기도 하느냐고 묻는 청중들의 질문에 이렇게 답한다. "솔직히 그렇습니다. 전 아직도 기적을 믿고 있어요. 신의 영광과 사랑에 대한 저의 이야기를 듣고 변화되는 사람들을 보는 건 기적이예요. "

4. 자유롭고 충만한 삶을 위하여

4. 자유롭고 충만한 삶을 위하여

동일화와 자동반응을 멈추고 깨어 있기

깨어 있는 의식 안에서 나의 의식이 어디에 있는지 객관적으로 바라 볼 수 있을 때 우리는 자동반응을 끝낼 수 있다.

하느님은 지금도 우리에게 묻고 계신다. "너 어디 있느냐?" 나의 의식이 존재 안에서, 하느님의 생명 안에서 자유롭고 충만한 생명을 누리고 있는지, 아니면 힘의 중심을 가지고 차별, 대립으로 움직이고 있는 육체적 심리적 생명 안에 갇혀 부정적인 감정을 경험하고 그 부정적인 감정과 나를 동일화하고 에너지를 주어 자라게 하여 나의 육체적, 심리적 생명을 망가뜨리며 신음하고 있는지 묻고 계신다.

물론 육체를 가지고 습관적으로 움직이고 있는 우리들로써는 자동반응을 끝낸다는 것이 쉽지는 않다. 그러한 자동반응으로 주고받게 되는 부정적인 감정, 기운들과 나를 동일화하지 않기도 물론 쉽지 않다. 그러나 동일화하면 할수록 그 부정적인 기운과 생각, 감정에 에너지를 주게 되어 부정적인 감정과 기운은 증폭되어 자라나고 결국 나의 육체적 심리적 생명을 망가뜨린다.

머리중심형의 걱정, 두려움은 위를 망가뜨리고, 장형의 옳음, 심장중심형의 품위들이 흔히 앓게 되는 우울, 슬픔은 폐를 망가뜨리고, 성취의 기쁨이 차별, 대립으로 움직이면서 오는 거짓 기쁨은 심장을 망가뜨리고, 화는 간을 망가뜨린다.

부정적인 생각과 나의 동일화는 스스로를 감옥에 가두는 행위이다. 내가 만들어 스스로를 가둔 감옥의 열쇠는 내가 가지고 있으므로 내가 아닌 어느 누구도 열어서 구출해 주기가 어렵다. 부정적인 생각에 스스로를 가둘 때 그 부정적인 에너지는 나의 머리를 망가뜨려 습관처럼 부정적인 생각, 부정적인 감정에 빠져들도록 부추긴다.

나는 끊임없는 세포분열로 한 순간도 그 자리에 있지 못하고 변화에 변화를 거듭하다가 일정시간 지니면 그 수명을 다하는 기계적 생명 ― 나의 육체적, 심리적 생명이 아니다. 의식하는 나, 자아는 영원한 생명과 사랑을 꿈꾸는, 영원한 생명에 동참하고 있는 존재의 생명이다.

육체적, 심리적 생명과 나의 동일화는 잠자는 의식이다. 깨어 있는 의식 안에서 끊임없이 나의 의식이 어디 있는지 물어보아야 한다. 의식하는 나, 자아는 어디에 있는가?

나는 나의 부정적인 생각도 아니고, 부정적인 감정도 아니고, 나의 육체적 생명도 심리적 생명도 아니다. 자동반응과 동일화를 끝내야 한다. 깨어난 의식은 부정적인 나의 생각과 감정을 나와 분리시켜 바라보고 흘려 보낸다. 그럴 때 우리의 의식은 본질에 닿아 생명의 빛이 주는 힘에 의해 지지된다. 우리는 하느님의 평화이고, 하느님의 기쁨이고, 하느님의 사랑이기 때문에 우리들 육체적, 심리적 생명은 말씀의 집, 존재의 집, 하느님의 성전이어야 한다.

하느님의 사랑, 기쁨, 평화인 생명의 빛에 의해 지지될 때 우리는 닉 부이치치처럼 내가 만든 구속 안에서 두려움의 눈으로 다른 사람의 왜곡에 반응하지도 않고, 차별, 대립에서 오는 자동반응, 부정적인 감정과 기운에 영향 받지도 않는다. 또한 나의 집착으로 얻은 어떤 결과물로 인해 기쁨과 사랑과 평화를 느끼지도 않는다. 깨어난 의식은 선명한 사랑과 지혜로써 반응하므로 무분별한 애착과 폭력으로부터도 자유롭다.

차별, 대립을 넘어선 하느님의 속성 – 말씀의 힘이 나를 지지해 줄 때는 나는 존재 자체로 하느님의 사랑이고, 기쁨이고, 평화이다. 그럴 때 우리의 의식은 본질에 닿아 우리의 생각과 말과 행동은 하느님에 의해 받쳐 지며, 나는 하느님의 생명력을 가지고 다른 이들에게 생명의 빛이 되어 줄 수 있다. 예를 들어 내가 성취의 빛을 타고 났다면 나의 생각과 말과 행위의 동기는 성취이겠지만 나의 성취는 하느님의 성취이므로 나는 하느님의 옳음으로 하느님의 사랑과 품위를 가지고, 하느님의 지혜에 귀 기울이며, 하느님의 성실함으로 하느님의 강함으로 하느님의 기쁨과 평화안에서 성취하게 된다.

돈 보스코 성인은 하느님 사랑에 대한 체험을 이렇게 표현하고 있다. "나의 뜻을 하느님께 드리기만 하면 이루어 주시는 분은 하느님이시다."

자신과 타인은 다르다는 것을 인정하고 나와 타인의 불일치를 이해하고 수용한다.

하느님의 한 조각 얼굴로서 지니고 태어난 우리 각 유형의 본성 - 각 유형이 가지고 있는 재능은 있는 그대로 하느님의 얼굴로서 좋고 완벽하다. 그러나 우리의 삶은 각 유형의 본성, 그 본성의 개별의식이 갖는 고착으로 야기되는 욕구와 충동으로 이어진다. 낙원에서 선, 악을 알게 하는 열매를 따 먹었고, 내 힘으로 선, 악을 분별해 보고자 이 세상에 태어났기 때문이다.

우리의 충동이나 욕구는 우리가 하느님에게서 받은 선물인 본성으로부터 일어나며 우리가 살아가는 에너지의 원천이 된다. 그러나 힘의 중심을 가지고 있는 알몸 - 본성이 충동, 강박으로 이어질 수 밖에 없도록 조건 지어진 우리들 집착의 몸으로 인해 우리들 육체적, 심리적 생명은 상하게 된다. 그러므로 우리는 타고난 성향을 초월할 수 있도록 하느님께 의탁할 수 있는 은총을 구해야 한다.

앞에서 말한 바와 같이 본성이 굳어져 집착이 된 것은 물과 얼음으로 표현 될 수 있다. 물은 모든 걸 수용하고 받아들여 같이 탁해지지만, 자신의 성질을 잃지 않으며 결국 정화 작용을 해내어 맑게 할 수 있다. 그러나 본성이 굳어져 집착이 된 얼음은 서로 부딪치고 깨지며 상처를 주고받게 된다.

각 유형에 따라 우리는 각각 다른 종류의 충동과 욕구를 가지고 있으며 그 욕구에 따른 가치관과 관심사도 다르다. 어떤 단체 안에서 열 사람이 있다면 그 중에 세 사람 정도만 자신에게 호의적이라 하더라도 긍정적으로 받아 들여야 한다. 단체에 열 사람이 있다면 세 사람 정도는 나의 말과 행동과는 상관없이 나를 보는 자신들의 시각으로 인해 나를 싫어할 수 있다. 나의 진의와는 상관없이 그들이 가지고 있는 편견과 집착으로 해석하고 판단하기 때문이다. 그 중에 또 어떤 사람은 자신이 지니고 있는 과거의 상처를 나에게 투사함으로써 나를 싫어할 수도 있으며, 내가 전하고자 하는 메시지가 그들의 관심사나 가치에 부합되지 않으므로 나에게 무관심할 수 있다. 결과적으로 내가 속한 단체의 구성원들이 내게 보이는 반응들은 나와는 상관없이 자신들의 문제 때문에 발생하는 것이다.

다른 이들의 판단과 반응에 나의 행복과 불행을 걸고 살아간다면 나는 이미 불행을 준비하며 살아가는 것이나 마찬가지일 것이다. 나와 타인은 다르다는 것을 인정하고 나와 다른 이의 불일치를 이해하고 수용한다.

똑 같은 말, 똑 같은 행동을 하더라도 유형에 따라 동기가 다를 수 있다는 것을 인식하고 자신의 집착으로 타인을 판단하거나 해석하지 않는다.

집착 안에 갇히게 될 때, 우리는 완고해 지며 하느님처럼 각 개인의 언어와 몸짓을 있는 그대로 이해하고 알아듣지 못한다. 우리는 자신의 유형이 갖게 되는 집착의 눈과 귀로 굴절시켜 보고 들음으로써 있는 그대로를 보지 못하고 있는 그대로 듣지 못한다. 부처 눈에는 부처만 보인다는 말처럼 우리는 누구나 자신 안에 있는 자신의 것으로만 이해하고 알아듣게 된다.

우리는 우리의 집착 안에 갇힘으로써 강박적으로 자신의 재능을 쓰게 됨으로써 여유와 유연성을 잃게 된다. 우리의 재능은 얼어붙어 결점이 되고 우리의 장점은 단점이 되며, 따라서 다른 이의 집착으로부터 온 강박과 부딪히게 된다. 또한 집착과 집착이 부딪히는 조화롭지 않는 상태에서 서로 상처를 주고 받는다. 집착 안에서 우리는 다른 이의 어떤 생각이나, 말이나 행동도 자신이 가지고 있는 집착의 눈과 귀로 보고 들으며, 자신이 가지고 있는 집착의 잣대로 판단하고 해석하게 된다.

"너희는 사람의 기준으로 사람을 판단하지만, 나는 결코 아무도 판단하지 않는다. 혹시 내가 무슨 판단을 하더라도 내 판단은 공정하다. 그것은 나 혼자서 판단하지 않고 나를 보내신 아버지와 함께 판단하기 때문이다." 요한 (8; 15~16)

우리가 하느님과 일치 할 때는 있는 그대로 보고 있는 그대로 들을 수 있겠지만, 내 안에 나의 것이 남아 있을 때 우리의 눈에 비치고, 우리의 귀에 들리는 모든 것들이 우리 안에 있는 것들로 인해 굴절되어 보이고, 들릴 수밖에 없을 것이다.

그렇기 때문에 자신 안의 것으로 굴절된 자신의 해석과 판단을 고집스럽게 믿게 되고 그 판단과 해석에 따라 반응하게 된다. 그 반응을 보는 상대방 역시 자신의 집착으로 해석하고 판단하고 반응하게 되어 진심과 진심이 서로 만나지 못하고 결국 상처를 주고받는다. 우리의 본성은 하느님이 내린 은총이며 선물이지만 그 선물로부터 온 집착이 우리들로 하여금 죄를 짓게 만든다. 그러므로 똑 같은 말, 똑 같은 행동을 하더라도 유형에 따라 말과 행동의 동기가 다를 수 있다는 것을 인식하고 자신의 집착으로 타인을 판단하거나 해석하지 않아야 한다.

자신의 무의식적인 성향과 집착을 이해하고 일생을 통해 끊임없이 반복되는 감정상태가 어디서부터 오는가를 알고 놓여날 수 있는 전환점을 찾는다.

어린아이일 때 아직 세상에 눈을 뜨고 세상과 부딪히기 전까지 우리는 낙원의 기억을 가지고 있었다고 한다. 그 기억을 가지고 있는 어린아이의 얼굴은 깨끗하고, 선하고, 아름답다. 어느 시인이 직관으로 쓴 시를 읽어 보자.

유아

1

창밖에 눈이 쌓이는 것을 내다보며 그는 귀엽고 신비롭다는 눈짓을 한다. 손을 흔든다. 어린 나무가 이파리를 흔들던 몸짓이 이러했다. 그는 모든 비밀을 알고 있는 것이다. 눈이 내리는 까닭을 또 거기서 아름다운 속삭임이 들리는 것을 그는 아는 것이다. 충만해 있는 정물이다.

2

얼마가 지나면 엄마라는 말을 배운다. 그것은 그가 엄마라는 말이 가지고 있는 비밀을 잃어버리는 것이다. 그러나 그는 모르고 있다. 꽃, 나무, 별 이렇게 이름을 부르면서 그는 그들이 가지고 있는 비밀을 전부 잃어버린다. 비밀을 전부 잃어 버리는 날 그는 완전한 사람이 된다.

3

그리하여 이렇게 눈이 쌓이는 날이면 그는 어느 소녀의 생각에 괴로워도 하리라. 냇가를 거닐면서 스스로를 향한 향수에 울고 있으리라.

- 신 경 림 -

낙원에서의 기억을 잃어버리기 전까지는 산은 산이요 물은 물이었는데, 세상 속으로 나오면서 두려움을 알게 되고 두려움 속에서 처음으로 그것들의 이름을 부르기 시작할 때 이미 산은 산이 아니오, 물은 물이 아니었다.

선악과를 따 먹기 전 낙원에서의 기억을 잃어버린 눈 - 자신이 더 없는 사랑으로 창조된 사랑 받고 있는 존재이며 신성(神性)의 지원을 받고 있는 빛의 존재라는 것을 잊어버린 눈은 두려움과 어두움으로 오염되어 있다.

그리고 오염된 눈으로 세상을 보고 언어라는 곳에 가두어 이름 짓고 세상과 부딪히며 세상에서 사랑 받고 살아남기 위해서 집착을 쓴다. 그리고 그 집착의 눈과 귀가 만들어 낸 편견으로 세상을 판단하고 해석함으로써 상대의 모습이 내 안에서 굴절되어 훼손되고, 그 굴절된 모습에 스스로 속아 반응함으로써 결코 상대의 본질에 닿을 수 없는 헛손질만 하게 된다.

그리고 그 반응을 보는 상대의 내면에서도 진심이 어떻게 왜곡되는지를 경험하면서 역시 어둠 속에서 두려움 때문에 사랑 받기 위하여 집착과 거짓을 쓰고……. 그렇게 진심과 진심이 서로 만나지 못하여 사랑이 왜곡되고 세상은 집착과 집착이 부딪치는 소통이 어려운 곳으로 변해 왔다.

그런 이유로 심리학자들은 거짓을 진심으로 믿어 줄 때 그 사람은 더 이상 거짓을 얘기하지 않고 치유된다고 말한다.

결국 길이요 진리이고 생명이신 예수는 우리에게 생명과 사랑의 길을 가르쳤지만 자신들의 집착으로 이해하고 알아듣는 우리들은 이해할 수 없어서 오해하고, 자신들이 진정 원하고 있는 것을 말씀하셨지만 의식의 어둠 속에서 알아듣지 못하여 자신들의 방식만을 고집하여 왜곡시키고 결국은 십자가에 못 박았던 것이다.

예수님께서 십자가상에서 하신
"저들을 용서 하소서. 저들은 자기가 하는 일을 모르고 있기 때문입니다."라는 말씀은 그대로 하느님의 본성을 드러내시는 말씀이었다. 우리가 누군가를 용서해야 할 때 예수님께서 십자가상에서 드린 기도는 우리에게 용서할 힘과 위로를 주실 것이다.

우리는 우리의 깊은 의식, 실재라고 불리는 곳, 하느님의 생명 안에서 함께 있는 하나의 몸이다. 그러므로 공동체의 치유와 완성을 위해서 우리가 집착으로 저지르는 죄과는 누군가의 보속과 희생으로 정화될 수밖에 없으며, 예수 그리스도나 다른 성인들처럼 타고난 성향들을 초월하고자 노력했던 분들이라 할지라도 우리 모두에게는 공동체의 구원을 위해서 공동체의 죄를 같이 짊어지고 가야 할 십자가가 있다.

나와 타인의 성격, 집착 안에 숨어 있는 본성을 보고 나와 타인을 용서한다.

우리에게 십자가의 아픔이란 있는 그대로 보지 못하고 있는 그대로 듣지 못하는 우리들이 예수 그리스도에게 가했던 것과 같은 폭력을 서로에게 가할 때 견뎌야 하는 것들이다. 예수그리스도가 지극한 아픔 속에서 연민의 마음으로 드렸던 십자가상의 기도 "저들을 용서 하소서 저들은 자신이 하는 일을 모르고 있나이다."라는 기도를 드릴 수 있을 때 우리는 완성으로 나아갈 수 있다.

우리는 예수 그리스도 안에서 나와 타인의 성격, 집착 안에 숨어 있는 하느님의 얼굴을 보고 나와 타인을 용서해야 하며, 우리의 몸은 매일의 십자가 안에서 정화되어 부활의 몸으로 바뀌어야 한다.

기독교인들은 세례식 때에 그리스도 안에서 죽고 그리스도 안에서 새로 태어나는 과정을 거친다. 십자가의 어리석음은 하느님의 지혜이며, 죽음에 의해 지배되는 속된 어떤 것들 속에서도 그것을 통하여 신성을 회복해야 하는 것이 우리의 참된 과제이다. 우리는 모든 유형의 모범이신 그리스도를 통한 기도 안에서 각자에게 주어진 십자가의 삶을 살다가 그 분과 함께 부활할 것이다.

우리가 자신의 집착에 따라 누군가를 판단하고 해석했을 때 이미 자신의 판단과 해석에 영향 받아 반응하게 되는 덫에 걸리게 된다.

"남을 판단하지 말아라, 그러면 너희도 판단 받지 않을 것이다. 어찌하여 너는 형제의 눈 속에 있는 티는 보면서 제 눈 속에 들어 있는 들보는 깨닫지 못하느냐? 제 눈 속에 있는 들보도

보지 못하면서 어떻게 형제에게 '네 눈의 티를 빼내어 주겠다'고 하겠느냐? 이 위선자야 먼저 네 눈에서 들보를 빼 내어라 그래야 눈이 잘 보여 형제의 눈에서 티를 빼낼 수 있지 않겠느냐?" 마태오 복음(7:1~5)

유형을 공부하면서 주의해야 할 것은, 지금까지 계속해서 강조해 온 바와 같이 유형의 집착에 따라 상대방을 판단하고 해석하는 우를 범하지 않아야 한다는 것이다.

본 모습 찾기라는 도구를 통해서 집착 안에 숨어 있는 하느님의 얼굴을 보고자 했던 것인데 잘 못 쓰이게 되면 유형의 잣대로 판단할 수 있는 견고한 또 하나의 틀을 만들어 낼 수 있다. 본 모습 찾기 프로그램이 누구를 판단하는 데에 쓰인다면 본 모습 찾기 프로그램을 잘못 사용하는 것이며 본 모습 찾기 프로그램의 본질을 잘못 이해한 것이다.

사람의 일이란 신비에 속하는 것이어서 내 탓이 아닌 대속(代贖)의 의미로 겪게 되는 일 등, 이해할 수 없는 많은 요인과 변수에 의해 움직여진다고 믿기에 우리 손으로 만들어 낸 어떠한 틀로도 재단되어서는 안 된다. 본 모습 찾기 프로그램 역시 자기인식과 영적 성장을 위한 많은 도구들 중의 하나다.

우리는 관계 안에서 움직이고 있으며 항상 변화하고 있다. 우리는 늘 어제의 그 시각에 있지 않으며 집착이 아닌 대속의 의미에서 문제의 행동을 보여 줄 수 있으므로 심리학자들은 문제아가 바로 그 공동체의 문제를 앓고 있는 희생자라고 말하고 있다. 그러므로 우리 자신의 잣대로는 어느 누구도 함부로 판단할 수가 없는 것이다. 따라서 본 모습 찾기 프로그램은 반드시 자신의 집착을 들여다보는 거울로만 사용되어야만 한다.

불교에서는 무명이 죄라고 하고 기독교에서는 교만으로부터 죄가 왔다고 가르치고 있다. 교만에 갇히게 되면 우리는 마음으로부터 이해의 폭을 스스로를 제한시키므로 지혜로부터 멀어지게 되며 모든 앎의 기회도 스스로 막아 버리게 된다. 교만 가운데 잘못 판단하게 되고 잘못된 판단에 따라 부정적으로 반응하게 되므로 죄를 짓게 된다. 그리고 우리의 죄는 우리에게 부정적인 감정을 불러오고 그 부정적인 감정으로 우리의 몸은 부패되고 결국 죽음으로 치닫게 된다.

어떤 신비가는 이렇게 말했다. "죄를 짓는다는 것이 얼마나 해롭다는 것을 진실로 안다면 우리는 아마도 죄를 짓는 것을 그만둘 것이다."

자아충족을 위해 집착으로 판단하고 해석하고 반응함으로써 부딪히는 많은 부정적인 체험들과 고통이 우리의 의식을 깨울 수 있을 때 우리들 집착의 몸은 정화될 수 있으며, 때가 되어 존재 자체로 평화, 사랑, 기쁨인 빛의 존재가 되어 본향으로 돌아갈 것이다.

그러면 어떻게 다른 사람을 판단하지 않고, 다른 이들과 서로 부딪히지 않으며 내게 주어진 소명을 충실히 살아갈 수 있을까?

타인에게 영향을 받아 부정적으로 행동하지 않는다.

다른 이에게 영향을 받아 충동적으로 반응하지 않고, 신성의 지원과 안내를 받아 내가 나의 주인이 되어 나의 본성대로 행동해야 한다. 상대방의 반응은 나와 상관없는 상대방의 해석과 판단이라는 것을 인식하고 영향 받지 않도록 항상 깨어 있어야 한다. 순간순간 깨어 있는 의식 안에서 참으로 나 자신이 되어 행동해야 한다. 그것이 바로 내가 주인이 되어 나의 본성대로 나로서 행동하는 것이다.

몇 년 전 주인공이 감당할 수 없는 가혹한 현실 앞에서 괴물로 변하나 판단하지 않는 천진한 어린아이 앞에서 혹은 모든 걸 잊게 해주는 청량하고 아름다운 자연 안에서 순한 자신의 모습으로 돌아오는 〈헐크〉라는 영화가 있었다.

상대방의 부정적인 반응 앞에서 같이 부정적으로 반응하지 않고 두려움을 모르는 천진한 어린아이처럼 자신의 본성대로 본연의 모습으로 있을 수 있을 때 상대방에게 좋은 영향을 주게 되며 나와 타인도 함께 성장할 수 있다.

내가 가지고 있는 믿음의 마음도, 내가 가지고 있는 사랑의 마음도, 내가 가지고 있는 감사의 마음도 내 몸의 파장이 된다. 그러므로 정화수를 앞에 떠 놓고 기도하는 사람의 마음이 가지고 있는 파장에 따라 그릇에 담긴 물의 분자가 변화 되는 것처럼, 상대편에 서 있는 사람의 몸과 마음은 나의 몸과 마음이 가지고 있는 파장에 따라 아름답게 변화된다.

우리는 간혹 아무 말도 주고받지 않았지만 성인의 선한 눈동자 앞에서 그 사람에게서 오는 거룩한 기운으로 치유되고 눈물을 흘릴 때가 있다. 우리는 또한 어떤 신부님의 명 강의보다도, 어눌한 말투지만 그 분에게서 풍겨져 나오는 거룩한 모습에 더욱 감화 받기도 한다.

의사소통이란, 말이 담고 있는 의미 자체로만 전달되고 이루어지는 것이 아니다. 우리는 온몸으로 정확하게 파장을 주고받는다.

우리는 타인의 부정적인 태도 앞에서 부정적인 영향을 받을 수밖에 없겠지만, 내 안에 긍정적인 파장을 지키고 있을 때, 부정적인 영향을 받더라도 내 안의 긍정적인 파장으로 치유시켜 되돌릴 수 있을 것이다. 그렇게 될 때 우리는 타인에게 영향을 받아 부정적으로 행동하지 않을 수 있다.

주어진 본성대로 내가 주인이 되어 과거와 미래로부터 자유로운 〈지금 여기〉를 산다.

과거를 생각해 보면, 상황을 판단하고 해석하고 그 판단에 따라 반응했던 내가 있었고, 나의 반응에 따라 나의 과거가 만들어졌다. 그러나 돌이켜 생각해 보면 많은 부분이 재해석 될 수 있는 여지가 있었다. 상대편이 부정적인 파장을 보내었을지라도 내가 영향을 받지 않고 평화 중에 있었다면 나의 판단은 달라졌을 것이고, 그 판단에 따라 다르게 반응하고 행동 했을 것이며 그에 따른 다른 과거가 만들어졌을 것이다.

결국 나의 과거는 상황을 보고 해석하는 나와, 내가 상대에게 보내는 파장에 따라 얼마든지 변할 수 있었던 허구였을 뿐 절대적으로 일어나야 했던 진실은 아니었던 것이다. 진실은 오로지 〈지금 여기〉에 있다. 강박 충동으로 인해 부정적인 영향을 받아 내가 만들어 낸 과거 - 결코 절대적인 것이었다고 말할 수 없는 허구인 과거와 불확실한 미래에 영향을 받아 혼돈 속에서 무한한 가능성으로 열려 있는 하느님의 시간인 지금 여기 이 순간의 시간을 쪼갤 필요가 있을까?

평화, 기쁨, 사랑은 우리들 존재의 원인이자, 본질이며 우리들의 몸과 마음을 돌려 살게 해 주는 생명의 빛이므로 생명의 빛 안에서 현존할 수 없는 시간은 반 생명적인 시간이다. 빛의 생명인 우리들 빛의 시간에 과거와 미래는 없는 것이며, 순간의 삶이 영원으로 이어질 뿐이다.

그러므로 우리가 누구를 용서할 수 없어서 우리의 의식이 과거의 허구와 상처에 묶여 있다면 생명의 빛이 우리의 의식에 도달할 수 없도록 막는 일이다. 그럴 때 우리의 존재는 반 생명 상태에 놓이게 되어 부정적인 감정을 경험하게 되고 우리의 몸과 마음은 죽음을 향해 치닫게 된다.

그러나 나와 타인을 용서하고 하느님의 시간인 지금 여기에 온전히 현존할 수 있을 때 우리는 우리의 깊은 의식 안에 실재하는 우리들의 본질인 하느님 생명의 빛 - 평화, 기쁨, 사랑이 떠오르는 것을 느낄 수 있으며, 그럴 때 우리들 육체적 심리적 생명도 치유되어 새로워질 수 있다.

그리고 하느님 생명의 빛인 평화, 기쁨, 사랑은 우리들 몸의 파장이 되어 우리는 온 몸으로 이웃에게 생명의 빛인 평화, 사랑, 기쁨을 나누어 줄 수 있으며, 나는 존재 자체로 이웃에게 생명의 빛이 되어 줄 수 있다. 그러므로 나의 집착과 상대방의 집착이 만들어낸 허구를 용서해야 한다.

본 모습 찾기 프로그램의 목적은 타의에 의해 영향을 받아 반응하지 않고 나의 본성대로 내가 주인이 되어 온전히 〈지금 여기〉를 사는 것이다. 그러기 위해서 순간순간 깨어 있는 의식의 확장이 요구된다. 그때 그때 나의 생각과 말과 행위가 나의 거짓 자아를 만족시키기 위한 집착에 의해 판단하고 반응하고 있는지, 아니면 나의 본성대로 깊은 의식 안에서 하느님의 얼굴로서 움직이고 있는지 순간순간 알아 차려야 한다.

과거의 나와 타인을 용서 못하고 나의 자의식이 과거라는 짐에 묶여 현재를 조각 내고 있는지, 아니면 존재 하지도 않는 미래에 묶여 무한한 가능성으로 열려 있는 하느님의 시간인 현재를 조각 내고 있는지 살펴보아야 한다.

하늘나라는 한없는 그리움과 갈망으로 얻어지는 실체라고 영적 스승들은 말하고 있다. 많은 신비가들은 하느님 나라 – 낙원을 향한 그리움과 갈망을 통해 하늘나라를 탐색해 왔다. 참으로 간단하다. 우리는 하늘나라를 갈망하는 원의(原意)를 가짐으로써 하느님의 것을 선택할 수 있고, 우리의 갈망과 의지와 은총으로써 우리는 존재의 깊은 의식에 닿아 우리 안에서 빛나고 있는 생명의 빛 – 그의 지원과 안내를 받을 수 있고 사랑의 속성인 영원한 생명을 살 수 있는 것이다.

그 길은 오로지 현재에 존재하는 삶의 방식, 현존 안에서만 가능하다. 어느 신비가는 이렇게 말한다. "성인이란 온전히 현재에 존재할 수 있는 사람이다."

자신의 생각과 말과 행위의 동기가 하느님의 것인지 아니면 자아만족을 위한 집착에 의한 것인지 순간순간 깨어 의식하고 알아차리며 자신의 동기를 정화시켜 나간다.

실제로 많은 사람들이 침묵 가운데 내면에서 들려오는 소리에 귀를 기울이고 영적인 안내와 지원을 받아 살아가고 있다. 고요한 가운데 존재의 깊은 곳에서 들려오는 소리에 귀를 기울여 보자. 실제로 들어보자. 들리지 않는다면 자신에게 물어보아야 한다. 진실로 원의를 가지고 있는가?

〈낫기를 원하느냐?〉

성서 속에서 예수 그리스도는 이렇게 묻고 있다. 우리가 진정으로 낫기를 원하고 있을까? 사실 그렇지 않은 경우가 더 많다. 영적 진보를 원하고 낫기를 원한다고 하지만, 실제로는 집착으로 인해 부정적으로 반응한 나 자신도 타인도 용서하지 못하고 그 상황을 어떻게든 되돌려 보려는 어리석고 완고한 마음에 매여 있을 수 있다.

온 마음과 온 몸으로 원해야 한다. 우리는 사실 하느님의 지원 – 절대 적인 힘의 지원이 없이는 숨 한 번도 쉴 수가 없으며 한 발자국도 뛸 수가 없다.

하느님의 사랑 없이는 한 발자국도 움직일 수 없으며 꼼짝도 하지 못하는 우리들이지만 무한한 사랑에 감사하며 그 사랑을 이웃에게 반사시키기보다 아주 저급하고 말초신경적인 사랑에 묶여 있을 수 있다.

본 모습 찾기 프로그램이라는 도구 안에서 우리의 집착을 명료하게 인식하고 놓아 버리고 난 뒤, 진정한 자유로움과 기쁨과 평화를 획득하게 되기까지는 내 몸과 마음의 변화가 요구된다. 그 변화는 어떤 인식의 전환에서도, 한 순간의 깨달음에서도 오지 않는다. 우리는 우리의 몸 세포 하나하나에 고질처럼 새겨져 있는 기억의 영향을 받아 습관처럼 살아가고 있으므로 변화란 내 몸에 새겨져 있는 기억과 습관의 정화 없이는 불가능하다.

내 몸에 새겨져 있는 기억과 습관의 정화는 나의 집착에서 오는 잘못된 생각과 판단을 끝내고, 내 몸과 마음의 출렁임을 고요히 가라앉혀 내 기억과 습관들을 투명하게 바라볼 수 있는 기도 안에서, 나의 모든 기억과 상처를 하느님의 눈과 귀로 올바르게 바라보고 이해하고 보듬어 주어 치유시켜 줄 수 있는 깨어있는 의식 안에서 현존할 수 있을 때 가능하다.

기도 안에서, 깨어있는 의식 안에서 현존할 수 있을 때 우리는 '내 안의 나' 로 표현되는 내면의 안내를 받아 변화될 수 있다. 우리의 본성인 사랑과 기쁨과 평화안에서 우리는 외부 환경에 영향을 받아 분노가 일어날 때조차도 조용할 수 있다.

그럴 때 내게 일어나는 분노는 내 안의 부정적인 것들로 인해 증폭되거나, 덧 칠이 되지 않은 선명한 분노이며, 우리는 의식하지 않았는데도 내면 깊숙이서 뜬금없이 올라오는 어떤 안내자의 소리를 듣는다.

그가 그리스도인이라면 실제로 이러한 소리를 들을 것이다. "주는 자애로우시고 인자하시다. 야훼님 찬양하라 내 영혼아 베푸신 온갖 은혜 하나도 잊지 말라……"

또 어떤 이는 각 사람이 가지고 있는 성향에 따라 실제로 자신을 보호하고 말을 걸고 안내하는 수호천사 같은 실제를 보기도 하고 느끼기도 한다. 우리는 이처럼 나를 비우는 기도 안에서 내면의 안내를 받아 그 때 그 때 가장 적절한 생각과 말과 행동으로 반응하게 된다. 어느 영성가는 이렇게 말하고 있다.

"하느님을 거부 하려면 온 몸을 다해 저항해야 하지만, 하느님을 받아 드리는 것은 그 분을 향한 눈길 하나만으로 족하다."

자신의 재능을 공동선을 위하여 쓰며, 자신 안에서 활동하고 있는 신성(神性)을 깨닫는다.

우리가 생명의 빛을 받아 온전히 하느님의 빛 안에 있을 때, 나의 행동은 내가 한다는 특별한 의식이 없는 무위(無爲)의 행동으로써 내면의 요구에 의해 상황에 따라 가장 적절한 생각과 말과 행동을 하게 된다. 우리는 하느님의 눈으로 보고 하느님의 귀로 들을 수 있으므로 상대방의 처지를 깊이 이해하고 수용하게 되며 어떤 이의 어떤 행동도 순결하고 사랑에 찬 눈으로 이해되고 알아차리며 진리 안에서 가볍고 자유롭고 신선해 질 수 있다.

〈진리가 너희를 자유게 하리라〉

　진리 안에서 우리가 만들어 스스로를 구속했던 유령의 정체를 알아보고, 긍정과 믿음과 사랑만이 우리의 본성임을 깨닫는다. 우리를 슬프게 하는 것들, 분노, 우울, 두려움, 수치심 등은 우리의 집착 때문이었다는 것을 깨닫고 진리 안에서 현존 할 수 있을 때 우리는 이미 자유로운 존재이며 아무 이유 없이 존재 자체로 기쁨이고 사랑이고 평화이다.

에필로그

우리는 어디에서 왔다가 어디로 가는 것일까? 살아가면서 문득문득 떠 오르는 의문이지만 죽음 앞에 서게 될 때에는 삶과 죽음에 관한 것들이 아주 생생하게 다가옵니다. 톨스토이는 죽음이란 인간에게 있어 최초의 신비였으며 인간의 사고를 가견에서부터 불가견의 것으로, 일시성에서 영원성으로, 인간성에서 신성으로 향하게 했다고 말했습니다. 저의 영적 탐사도 그렇게 시작되었습니다.

20년 전, 저는 어린 두 아이를 두고 죽을 병에 걸렸음을 알게 되었습니다. 저는 가톨릭 신자이기 때문에 성체가 모셔진 감실 앞에서 기도 했습니다. "어린 자식을 두고 가야 한다면, 하느님의 섭리와 사랑을 믿고 갈 수 있도록 제게 확신을 주십시오." 그런데 아무런 예고도 없이 예수의 수난을 묵상하고 있던 어느 성 목요일 저녁에 신비체험이 주어지면서 살아났습니다.

성서 속에서 예수는, 자신의 몸에서 기적의 힘이 빠져 나가는 것을 느끼며 치유가 일어난 여인을 향해 이렇게 말합니다. "여인아 네 믿음이 너를 살렸다." 그러나 저는 당시 기적을 믿는 쪽이 아니었기 때문에 예수의 수난과 제 처지와 함께 묵상할 수 있을 뿐이었지요.

주 기도문을 외우던 중 뜨거운 기운이 발 아래로 흘러 내리는 순간에도 제 머리를 치는 것은 "이게 뭐지?"라는 놀라움이었습니다. 그 체험이 치유로 연결되었으리라고는 믿지 않았어요. 그런데 다음 달 정기검진에서 검사 결과가 모두 정상으로 돌아와 있었습니다. 의사는 있을 수 없는 일이니, 좀 더 지켜보자고 말했습니다. 그제서야 저는 성 목요일 저녁 감실 앞에서의 일이 떠 올랐고, 집으로 돌아와 십자가 고상 앞에서 한없이 울었던 기억이 납니다.

병이 낫고 난 뒤, 호스피스 활동을 시작했습니다. 저의 신비 체험이 다른 환자들에게 일어나기를 기대했기 때문이었습니다. 그러나 저의 체험은 저로서도 잘 이해되지 않았기 때문에 환자들에게 풀어 설명해 줄 수가 없었습니다. 제 체험은 가끔 제게도 비현실적으로 다가오곤 했으니까요. 저는 환자들에게 그 당시의 마음가짐, 기도, 섭생 등을 이야기해 줄 수 있었을 뿐, 신비를 체험할 수 있도록 이끌어 줄 수가 없었습니다.

저는 신비를 풀어낼 수 있는, 모두가 납득할 만한 언어와 자연의 법칙이 분명히 있을 것이라고 믿었습니다. 그 언어를 찾아 내야겠다고 마음 먹었지요. 그리고 심리학, 철학, 불교의 사원 등 제 발길 닿는 곳 어느 곳에서든 신비를 풀어줄 수 있는 언어가 있기를 바라며 기웃거렸습니다.

그러는 동안 하나 깨달았던 것이 있었어요. 신비체험을 한 모든 이들을 통해서 이해하게 된 것은 절대자로 표현되는 우리들의 근원은 모두 하나라는 것이지요. 제게 일어났던 체험은 표현이 다를 뿐, 불교의 사원에서든, 들판에서든, 어디서든, 누구에게나 가능한 것이었으며 본질적으로는 같은 체험이라는 것이었지요.

언젠가 '하느님의 자기 윤색' 이란 말을 들었을 때, 저는 고개를 끄덕였습니다. 불성으로든, 종교적인 신념이 만들어낸 그 어떤 이름이든, 절대자를 일컫는 보편적인 이름을 하느님이라고 부른다면 하느님은 우리 각 개인에게 가장 알맞은 방법과 길을 택해서 오신다는 것이었지요.

절대자의 사랑은 우리들 각 개인 앞에 놓여진 종교적 상황과 신념, 기질과 경험, 체득한 정도에 따라 다르게 표현되는 언어와 몸짓을 알아들으시고 그에게 가장 적합한 방법을 통해 오신다는 것이었습니다. 하느님의 사랑은 하느님의 모상으로 태어난 모든 이에게, 그리고 가톨릭뿐만이 아니라 모든 종교에 닿아 있기 때문이겠지요.

그 후 가톨릭의 어느 단체에서 일하게 되었습니다. 제게 주어진 무슨 소명이 있어 저를 살려준 거라고 굳게 믿은 저는 너무나 열심히 일했던 것 같습니다. 그러나 저는 저의 동기나 가치에 상관없이 사정없이 오해 받고 매도 당하면서 자신을 돌아보기 시작했지요.

그러던 중 에니어그램을 만났습니다. 에니어그램을 공부하면서 제게 일어났던 모든 상황을 이해할 수 있었어요. 우리는 서로 다른 가치관과 정신세계를, 다른 의사표현법, 사고방식, 행동방식을 가지고 있기 때문에 삐걱댈 수 밖에 없다는 것이지요. 우리는 서로 상처를 주고 받았으며 병이 들었지요.

"부처 눈에는 부처만 보인다."라는 말처럼 역설적으로 우리는 누구나 자신의 눈과 귀로 굴절시켜 보고 들음으로써 있는 그대로 보지 못하고, 있는 그대로 듣지 못하지요. 우리는 자신 안에 있는 자신의 것으로만 이해하고 알아 듣습니다. 상대방에게 나의 모습을 있는 그대로 알아 달라고 주문했던 건 무리였지요. 저 역시 아픈 이들에게 그들의 언어를 가지고 다가갈 줄 몰랐습니다. 우리에게 문제는 의사소통이었지요.

에니어그램 성격유형들 중 같은 유형들은 모두 같은 기질을 가지고 있습니다. 삶의 여정에 있어서도 같은 문제에 부딪히게 되고, 같은 갈등 안에서 같은 방법으로 싸우고 있답니다. 기질만 같은 것이 아니지요. 기질이 만들어내는 얼굴, 기운, 표정, 눈빛, 몸짓, 걸음걸이, 목소리조차 비슷합니다. 저는 에니어그램이 자기 인식과 영적 성장을 위한 가장 유용한 도구라는 데에 동의했습니다. 이제 우리는 에니어그램을 통해서 서로의 언어와 몸짓을 있는 그대로 이해하고 알아 들을 수 있게 되었다는 것이지요.

에니어그램은 영성과 심리학의 다리라고 불립니다. 에니어그램이 우리에게 유용한 도구가 된다는 것은 심리학과 철학 등 인간의 근원을 찾아 헤맨 노력의 결과로 발굴해낸 언어들을 신비와 하나로 묶어 주기 때문이지요. 마찬가지 이유로 에니어그램은 제게 주어진 신비체험을 풀어 설명해 주는 가장 적합한 언어로서 자연의 법칙을, 생명의 언어를, '하느님의 자기 윤색' 에 관한 것들을 들려주고 있기 때문입니다.

이 책자와 함께 하는 내면 여행이 자신과 이웃에 대한 이해와 더불어 자유롭고 충만한 삶을 만들어 가는데 도움이 되기를 바랍니다.

한강을 바라보며 남산 기슭에서

황 인 숙

참고문헌

융 심리학과 동양사상 – 이죽내 , 하나의학사

양자 생물학 – 글렌라인(Glen Rein), 미내사

에니어그램– 마리레베카 E. 로가시온, 성서와 함께

내 안에 접혀진 날개 – 리차드 로어, 성 바오로 출판사

에니어그램의 지혜 – 돈 리처드 리소, 러스 허드슨, 한문화

의식 혁명 – 데이비드 호킨스, 한문화

아도르노 고통의 해석학 – 이종하, 살림

닉부이치치 자료 , www.lifewithoutlimbs.org

저 자 소 개

황 인 숙 (hwang-anna@hanmail.net)

| 에니어그램 전문 강사(cafe.daum.net/enneapia) |

| 저서 | 안나의 기도 / 미류나무 출판사, 얼굴로 알아보는 성격이야기 / 진리탐구 출판사

| 에니어그램 워크샵 및 주요 강의 경력 | 한의학회(형상학회) / 제주도 가정법률상담소 / 가톨릭대 상담심리대학원 /
서울 시립대 도시행정학과 / 단국대학 간호학과 / 한양대 안산캠퍼스 상담 심리사 / 서울 수서 복지관 /
인천 성심아동상담소 / 미국 LA 밸리 천주교회 / 서울 역삼동 천주교회 등

자신의 귀한 얼굴 사진을 기증해 주신 분 들에게
마음 깊이 감사 드립니다.
이 책에 실린 얼굴 사진들이 기증해 주신 분들의
소중한 뜻대로 자신과 이웃에 대한
이해와 더불어 조화와 균형이 있는
사회를 만들어 가는데 도움이 되기를 바랍니다.

FACES IN 에니어그램

자유롭고 충만한 삶을 위한 내면여행

초판 1쇄 인쇄 / 2009년 6월 27일
초판 1쇄 발행 / 2009년 6월 30일

저   자 / 황인숙
펴 낸 이 / 이정수
펴 낸 곳 / 연경미디어
등   록 / 1-1850호
주   소 / 서울시 마포구 서교동 465-7
대표전화 / 02-332-3923
팩시밀리 / 02-332-3928
이 메 일 / ykmedia@korea.com

값 15,000원
ISBN 978-89-89369-22-6   03180